U0878317

中国海关事务通

海关估价
Customs Valuation

王延春 罗嘉宾 邝为杰 著

中国海关出版社
CHINA CUSTOMS PRESS

图书在版编目（CIP）数据

海关估价/王延春等著.—北京：
中国海关出版社，2005.5
（中国海关事务通/李文健主编）
ISBN 7-80165-302-5

Ⅰ.海... Ⅱ.王... Ⅲ.海关估价—基本知识
—中国 Ⅳ.F752.5

中国版本图书馆 CIP 数据核字（2005）第 040178 号

中国海关事务通·海关估价

Zhongguo Haiguan Shiwutong/Haiguan Gujia

作　　者：王延春　罗嘉宾　邝为杰
图片提供：中国海关杂志社
责任编辑：刘先中　左桂月
责任校对：左桂月
责任印制：赵建文
出版发行：中国海关出版社
社　　址：北京市朝阳区东土城路14号
邮　　编：100013
电　　话：010-85271536；010-85271610

印　　刷：北京市白帆印务有限公司
经　　销：新华书店
开　　本：787mm×1056mm　1/16
印　　张：13.75
字　　数：139千字
版　　次：2005年5月第1版
印　　次：2005年5月第1次印刷
ISBN 7-80165-302-5
定　　价：29.80元

海关版图书，版权所有，侵权必究
海关版图书，印装错误可随时退换

“中国海关事务通丛书”总序

甲申年初春，我的好友、中国海关出版社副编审刘先中先生约我闲聚。叙间，先中君谈起一个出版选题，即面向社会推出一套详细解读中国海关各项法律法规的普及性读物，使全社会更准确、更全面地了解海关，并为办理各种海关事务提供必要的便利。这是既有利于海关管理又有利于民众服务的一个很好的出版计划，自然得到我的认同。未曾想我的奉和竟堕入先中君预先设计好的“锁套”。或许看中我是研习法律出身的，先中君执意让我做主编，负责丛书策划、作者遴选、组稿和统稿等事务。我深知自己才疏学浅，就我的知识眼界来看，海关事务所涉及的浩瀚的学知领域恰似“一半是海水，一半是火焰”，学识和能力制约我难以担此大任。后经好友、同事不断鼓励并几番论证，我最终还是领受了这一任务。

几经琢磨，这套丛书定名为“中国海关事务通”，旨在表达两层涵义：一来表其内容，即中国海关各项事务之通览，系统介绍当前中国海关事权、事务的运作状况及相关知识；二来表其作用，即读者可通过丛书熟知中国海关的管理制度和法律规定，通晓办理各项海关事务的正确途径和方法。丛书以中国海关现行的法律、法规、规章和对外公布的规范性文件为写作依据，结构上以海关各项事务、业务门类为框架，向社会全面介绍海关的职能、海关对社会的服务以及社会需要向海关了解的基本知识。按照这样的思路设计下来，全套丛书由15个分册构成。

丛书名确定后，我们首先考虑的是读者。因为作为一个著书人来说，如何设计一套书和怎样去写这套书，首先取决于你在为谁写书。丛书直接指向这样三类读者：一是需要在中国境内办理海关事务的境内外人士、企业、事业单位和机关、团体；二是试图了解中国海关的社会各界人士，尤其是希望加入海关公务员队伍的有志青年；三是海关内部的广大关员，他们在从事某项具体业务或者进行业务学习时，该丛书确不失为一套颇有裨益的选读书目。

出于对上述读者群的体察，丛书内容和写作风格贯穿了“通俗、简明、实用”的原则，语言简练朴实，文字活泼生动，易读易懂易解。为避免读者时常抱怨的枯燥乏味，全套丛书还精心编排了案例、漫画和插图，融知识性与趣味性为一体，看起来赏心悦目，读起来引人入胜。当然，一套由15个分册组成和由20多位作者编撰而成的丛书，必然受各分册不同内容的局限以及不同作者行文习惯和写作风格的影响，各分册间存在文风和体例上的一些差别是在所难免的。

丛书各分册的作者是无可挑剔的，他们是从海关总署和基层海关挑选的一批年富力强、精于海关业务的"门内汉"，整套丛书凝聚了海关专业人士的心血。各分册的作者所承担的写作课题都是他们在各自岗位上所从事的职业，很多作者是本部门、本业务领域的专家或负责人，他们是中国海关各项法律制度和措施的躬行者和实践者。显然，他们最清楚社会需要向海关了解什么，海关需要向社会告知什么。因而，他们的发言无疑最具专业性、权威性和实用性。需要特别说明的是，我们还从海关总署聘请了部分专家对有些分册内容进行了审核，以确保丛书质量。

各分册的作者均为海关现职人员，能够在工作繁忙之余腾出时间和精力为社会著书实属不易。好在作者与编辑们都很努力，从选题策划到15个分册全部脱稿，仅用了1年的时间。作者们——同时也是我的同行的辛勤而有效的劳作使我倍感欣慰，我首先感谢他们对我主编工作的大力支持。同时，我要感谢中国海关出版社慧眼识中了这样的选题，并在图书论证与组稿工作中给予主编和作者以大力支持。特别是时任副社长的吴华先生亲自组织和参加丛书选题论证会，并自始至终地关心、过问丛书写作过程，给作者和编辑们增添了极大的工作勇气。另外，我还要感谢我的好友广州海关潘广恩、黄埔海关王福良两位同事，他们为组稿工作提供了很大帮助。

眼见本套丛书就要交付出版，顿生一些感想，有必要向我的海关同事和未来的读者们一并抒发。

一、中国社会应当对海关增加更多的了解

说起来，我来海关工作已经八九年了，每每与社会上的人士谈起自己的职业，仍有不少人误解。说一个真实的故事，8年前我曾陪同一位博士朋友到紧邻北京市的某大学作讲座。讲座结束后，热情的大学党委书记请我们吃饭。席间，书记问起我的职业，我答在海关工作。听到我的回答，书记用一种非常关切的语气感叹道："噢！那一定离北京很远了。以后难得请到你！”从书记关切的话语里我判断：他一定把我当成在海上工作的海员了。试想，一个大学的党委书记尚未搞清海关是干什么的，假如换一个普通的中国老百姓，他又能对海关认识多少呢？在刚刚过去的2004年，海关总署陆续在北京、南京和深圳举办了规模空前的全国反走私成果展览。在展览会场上，许多市民平生第一次近距离地接触海关，知道了海关的工作与打击走私和国家税收相关联。更细心的观众还了解到海关工作与我们国家的经济建设、对外贸易甚至老百姓的生活都是息息相关的。于是，他们开始理解海关并表示支持海关的工作。但是，仅通过一个海关举办的展览会，中国的老百姓能够对海关了解多少呢？

很难责怪中国百姓对海关印象的淡漠。因为近代中国社会奉行的是闭关锁国、重农抑商的政策，先人们对世界和国际间的贸易了解得太迟、太少，他们未能使封建经济跨过海洋、走向世界。当从海洋漂泊过来的鸦片和大炮叩击中国大门的时候，中国人逐渐意识到世界和经济是与海洋联系在一起的，中国文化中开始融入“海”的概念，于是用“海关”一词来解读“CUSTOMS”。

但是，当今中国社会的发展已经与先人们所处的时代不可同日而语。特别是经过20多年的改革开放，一个古老的大国正在世界上迅速崛起。请看一组数据：2004年我国出入境人数达2.8亿人次，进出口货物总量达20.7亿吨，外贸进出口总额达11,547.4亿美元，中国已跻身世界外贸头三甲。而上述出入境人员和进出口货物，有哪一个不经过海关？说得更近一些，如今我们百姓日常吃的、用的，又有哪一个不贪点“洋货”呢？中国人已经走向世界！中国已经成为贸易大国！今天的中国百姓还能够对海关陌生吗？

通俗地讲，海关是人们从一个国家或者地区迈向另一个国家或者地区必经的门口，是国家（地区）之间联结经济、传输文化的“开关”。无论你是出国还是入境，做生意还是搞活动，人家的门口以及本家的门口让不让你进，联结和输送的“开关”灵不灵，关键看你的行为符不符合海关的管理规定。只有符合海关管理规定，个人才能避免出入境的麻烦，企业、商家也才能更好地把握商机。总之，了解海关、熟悉海关事务，不仅能够给你的出国、入境带来便利，而且能够为你的跨国生意提供商业指南。随着中国经济持续高效的增长和对外开放的不断扩大，中国经济与世界经济必将进一步相互依存、相互影响，而中国海关在社会生活中的地位及其扮演的角色也将越发重要。无论你是普通的当代中国人，还是已进入或拟进入中国市场的境外人士，对中国海关增加了解无疑是一种时代的要求。

二、中国海关有必要向社会增加更大的透明度

2004年7月，中国颁布实施了一部颇具时代意义的法律，即《中华人民共和国行政许可法》。其意义并不在于该法的调整范围有多大，或者内容多么重要，而在于它以法律的形式规范了政府与公民之间的关系，明晰了政府的权力界限，加入了民众参与政务的成分，并向政府响亮地提出行政公开和政务透明化的要求。这部法律影响到每一个实施行政管理职能的部门，当然也包括海关。

多年来，海关在国人眼中是那么遥远，普通民众即便和海关打交道，也是敬畏多于亲和，强制多于自愿。这是否与海关的工作方式和方法有牵连？海关人必须扪心自问。我认为，海关与社会的亲疏，在很大程度上依赖于海关政务的公开与透明程度。试想，当一个人去从事某项活动时，如果他对该项活动的规则、程序预先不清楚或者很含混，那么他就很难预想到办事的效果，很容易出现差错，进而他会对主事的人即掌握规则和程序的人产生抱怨，不愿甚至害怕与其打交道。

海关作为主事的管理者，面对办理各种海关事务的管理相对人，是否能够做到预先告知其管理规则、程序和政策呢？记得有一年，还是我刚来海关工作不久，总署关税司遇到一家企业来述情。事情的起因是该企业进口一批货物，已经装船正在海上运输途中，需要数日才能运抵国内口岸。谁知此时国家对该类货物的进口关税税率突然调整，并自调整之日起施行。企业待报关时方知按照新的税率需要多缴纳很多的税款，故要求海关总署能够按照货物装船时适用的税率征收关税。当时的关税司司长把我叫去，问我如何从法律的期限规定上处理这一问题。我记得自己答道：应当按照旧税率征收企业的关税。因为法律关于期间的原则从来是有利于当事人权益保护的，而针对国家机关的要求则是苛刻的。我还举了一个例子，比如，公安机关拘留一个人到了法定时间，无论是否节假日都必须放人；而当事人权益的法律保护

期如果届满在节假日的，则可以顺延到节假日后的第一个工作日。另外，法定期间一般不包括路途时间等。后来，我也不知这个企业的事情究竟是如何处理的。我这里想说明的是，以往海关政策、法规的实施的确存在着无法让社会预知的情事。行政许可法颁布后，法律要求政府一旦给当事人设定新的义务，必须事先向社会公布，否则视为无效。这是中国行政执法的一个进步。

作为海关的一个执法者，我认为海关向社会增加透明度，至少会带来以下好处：一是海关政务的公开和海关事务的透明化，可以引导海关管理相对人按照正确的程序和途径从事海关事务，可以使相对人的活动变被动为主动，变强制为自愿，从而为贸易活动和通关事务提供较大的便利。二是海关政策、法规以及制度的公开与明晰化，可以有效地预防或减少企业与民众违法情事的发生。事实上，除了当事人故意走私的违法犯罪案件之外，海关每年处理的案件大量是违规案件，仅2004年就达28,765起，其中不少案件属于当事人不了解海关规定或者误解海关管理制度所致。从当前世界海关组织所倡导的方针看，增强海关政策、法律的透明度，敦促企业诚信守法自律，是今后各国海关管理的发展方向。三是海关事务的透明化有利于社会监督体系的建立，有效地防止关员腐败和走私违法犯罪活动的产生。当海关事务施行“阳光作业”时，社会民众对海关的办事程序和政策法律熟知在心，如果海关关员出现不检点行为或者非程序性操作，他难免会在阳光下暴露。显然，海关事务的透明化程度越高，留给官僚腐败的空间就越小。另一方面，透明化的管理将为社会营造一种公平的秩序，谁要试图打破这个秩序，定会招致公众的不满。走私违法犯罪活动实际上是对社会公平秩序的一种恶意破坏，遵守秩序的人一旦遭到破坏秩序人的侵犯，必然会对其检举揭发。我在海关缉私岗位上工作多年，一个不容忽视的事实是，大凡海关接到对走私活动准确的举报，均来自于熟悉海关事务的业内人士。这也说明社会对走私违法活动的监督，需建立在对海关制度的透彻了解的基础之上。

三、“把关”与“服务”的工作方针，应当在海关与社会的互动中实现

现在，让我们回过头来看海关工作面临的问题。随着中国经济的

高速增长和进出口业务量的不断扩大，中国海关当前和今后一定时期内需要着力解决的主要矛盾是：如何实现严密监管与高效运作的统一。牟新生署长指出：“提高严密监管、高效运作的能力，是体现海关把关服务能力的关键。特别在进出口货物、物品、运输工具监管业务量大幅度增长的情况下，必须保证‘管得住、通得快’，既不能因为监管疏漏给国家利益造成危害，也不能因为效率低下给企业合法权益带来损失。”牟署长的讲话实际上揭示了海关工作如何能够更好地实现“把关”与“服务”兼顾的问题。

联系到前面的陈述，我认为，海关工作要达到“把关”与“服务”的兼顾与统一，应当通过海关与社会尤其是与管理相对人的互动来实现。这种互动一方面来自海关监管能力的提高和制度措施的完善，另一方面来自于社会、民众对海关事务的掌握和对海关工作的参与和支持。目前，我们海关对前者的重视和强调有加，而对后者的着力和推动尚显不足。其实深究一步，海关工作的最大难点并不在于自身力量和能力的不足，而恰恰在于失去社会各部门、各阶层的广泛支持。就拿海关打私工作多年的经验为例，实践证明，仅靠海关一家“包打天下”，走私是难以遏制的，最终还是要动员社会力量实行“联合缉私、统一处理、综合治理”。不仅缉私工作如此，海关的其他工作也是如此。只有激发和调动社会民众的力量，使企业与民众自觉、自愿地养成诚信守法和护法自律的意识，使相对人的行为与海关管理之间形成良好的呼应关系，中国海关所期望达到的“把关”与“服务”兼顾、严密监管与高效运作统一的理想目标才能加速实现。

这或许也是我们作为海关执法者的一帮作者们，向社会推出“中国海关事务通丛书”的初衷。

主编：李文健

乙酉年初春于北京双花园小区

目 录

CONTENTS

CONTENTS

第1章 海关估价简介

第2章 海关估价业务概况

第3章 成交价格方法

第4章 其他估价方法

第5章 特殊货物的估价方法

第6章 走私计税

第7章 海关估价程序

第8章 纳税复议

附录

海关估价是指一国海关为了征收关税等目的，根据本国法律规定的统一的估价准则、方法和程序，确定某一进出口货物的价格。

第1章

海关估价简介

1.1 什么是海关估价？

关税是世界各国普遍征收的一个税种，是指一国海关对进出境的货物或者物品征收的一种税。关税最基本的种类是从价税(例如，进口产品价值的20%)或从量税(例如，每公斤或每升2美元)。对于某些商品，还征收复合或混合税，既按从价税又按从量税征收(例如：价值的10%＋每公斤2美元)。海关估价是指一国海关为了征收关税等目的，根据本国法律规定的统一的估价准则、方法和程序，确定某一进出口货物的价格。经海关确定的价格为完税价格，完税价格是海关计征税款的基础。它以一般商业估价为基础，并在此基础上发展起来，其主体是海关，客体是进出口的货物。海关估价主要实施于征收从价税。

除了少数例外情况，大多数国家按照从

价税的方式课征关税。各国政府更倾向于征收从价税，这大致有以下3方面的原因：第一，由于从价税是按照货物的价值计算的，而从量税是按照货物的体积或重量计算的，使用从价税可以较容易地估算出应得多少财政收入。第二，由于从价税对低价产品所课征的关税额，低于对高价产品的关税额，所以，从价税比从量税更公平一些。例如，从量税为每升2美元，对于价值2美元1瓶的廉价酒来说，税率为100%；对于价值20美元1瓶的高价酒而言，只相当于10%的税率。而10%的从价税对于较廉价的酒的税赋为0.2美元，对于较昂贵的酒的税赋为2美元。第三，从价税透明度高，在国际关税减让谈判当中，以从价税为基础容易比较各国的关税水平，评估谈判关税减让的效果。但是，按从价税征收的关税很大程度上取决于使用何种方法确定应税的完税价格。因而，假如海关确定完税货物价值为1000美元，那么，按照10%的从价税就得征收100美元的关税。海关如果确定完税价格为1200美元，那么，进口商就不得不为同一商品交纳120美元的进口关税。如果海关不以发票上列明的价格作为确定价值的依据，而采取其他方式，那么，关税减让对贸易产生的好处就会大打折扣。海关估价在为本国关税政策和对外贸易政策服务时的负面作用表现的比较突出。有些国家滥用海关估价制度形成了对贸易的壁垒，破坏了各国关税减让的承诺。因此，随着海关估价的作用逐步被认识，统一的国际海关估价，成为世界贸易组织的一个重要内容。

1.2 海关估价的历史沿革

海关估价的不统一和滥用，严重损害了国际贸易的发展，使越来越多的国家逐步认识到统一国际海关估价制度的重要性。1947年10月30日，23个国家签订了一项包括海关估价内容的多边国际协定——关贸总协定（GATT），形成了第一个国际海关估价制度规则——关贸总协定第七条，规定了进口货物的海关价格：

（1）应以商品的实际价格为依据；

（2）不应建立在国产商品价格或任意的或虚构的价格上；

（3）应该是相同或类似货物在完全竞争条件下，以正常贸易渠道买卖的价格。

关贸总协定第七条是历史上第一次就海关估价问题作出的国际性的统一规定，使后来的估价制度有了框架原则，但其仅仅制定了总原则，对实际操作提供的指导作用很小，而且各成员国在具体实施时留有很大的余地。

1.3 海关商品估价公约

关贸总协定签订后，1947年12月，欧洲关税同盟研究小组成立，该小组在研究了一些欧洲国家实行多年的估价方法和程序后，根据总协定第七条的精神，拟定了《布鲁塞尔海关商品估价公约》(俗称“布鲁塞尔估价定义”)。1950年，30多个国家加入有关建立布鲁塞尔估价制度的公约。1953年7月28日，公约正式生效。《布鲁塞尔海关商品估价公约》成为世界上第一个专门为海关估价制定具体制度的国际条约。布鲁塞尔估价定义规定：海关估价的依据应是进口货物的正常价格，即在公开市场上相互独立的买卖双方之间进行交易中货物的销售价格。这个估价定义曾被近100个国家和地区正式采用或援用。

1.4 WTO估价协定

1973年至1979年间的“东京回合”多边贸易谈判中，海关估价被作为一种非关税壁垒措施提出来讨论。各国认为有必要在关贸总协定的框架下订立一项新的国际估价制度，以消除或减少海关估价对国际贸易的壁垒作用，实现国际贸易自由化及贸易增长。为此，谈判达成了《关于执行关税与贸易总协定第七条的协定》，即《东京回合估价守则》，该守则于1979年4月12日签订，1981年1月1日正式生效。但该守则不是一个强制性的协定，各国可根据各自的情况来决定是否实施。由于该守则中没有很好地体现发展中国家的权利，许多发展中国家没有实施或推迟实施。在1994年的乌拉圭回合的谈判中，对该守则作进一步修订达成的《WTO估价协定》，是WTO的一个法律文件，所有成员必须实施。因此，实施范围实质上已扩大到所有WTO成员，名副其实地成为了统一的国际海关估价制度。其宗旨是建立“公平、统一、中性”的估价制度。

运用合理估价方法，必须符合公平、统一、客观的估价原则。

1.5 我国的海关估价制度

新中国成立后，我国于1951年颁布了《中华人民共和国暂行海关法》、《中华人民共和国海关进出口税则》和《中华人民共和国进出口税则暂行实施条例》等一系列海关法规。其中规定了海关估价的定义：“进口货物应以该货物运抵我国的到岸价格为完税价格。”“出口货物的完税价格，为该货物售与国外的离岸价格除去出口税，经海关审查确定者。”并进一步规定，“到岸价格系指货物在采购地之正常批发价格加上出口税和运抵我国输入地点起卸前的包装费、运输费、保险费、手续费等一些费用，经海关审定者。”“如进口货物在采购地之正常批发价格，海关未能确定时，其完税价格，应以申报进口时国内输入地点的平均批发市价减去进口费用及营业费用作为计算依据。”

1985年，我国进行了关税制度改革，制定了《中华人民共和国进出口关税条例》，1987年又对其进行了修订，以使其符合1987年公布的《中华人民共和国海关法》的立法内容。上述两项海关的基本法律，均设专门条款对海关估价制度作出了规定，明确了海关估价的定义，即“正常成交价格”，第一次明确规定了海关估价的方法。

根据《海关法》和《进出口关税条例》，海关总署于1989年发布了《中华人民共和国海关审定进出口货物完税价格办法》，对“正常成交价格”这一估价定义作出了明确解释，规定“海关审定的进出口货物的成交价格，应该是该项货物在公开市场上可以采购到的正常的价格。”

我国加入世贸组织（WTO）后，海关全面实施《WTO估价协定》，海关总署于2002年对《中华人民共和国海关审定进出口货物完税价格办法》进行了修订，明确规定“进口货物的完税价格，由海关以该货物的成交价格为基础审查确定，并应当包括货物运抵中华人民共和国境内输入地点起卸前的运输及其相关费用、保险费”，“进口货物的成交价格是指买方为购买该货物，并按照本办法第四条、第五条的规定调整后的实付或应付价格”。

第1章 海关估价简介

第2章 海关估价业务概况

第3章 成交价格方法

第4章 其他估价方法

第5章 特殊货物的估价方法

第6章 走私计税

第7章 海关估价程序

第8章 纳税复议

附 录

旅客携带行李中超过合理自用数量的商品，也需要估价征税。

第2章

海关估价业务概况

上一章介绍了什么是海关估价，那么海关估价是怎样进行，又是如何操作的？作为海关和纳税义务人都有一些怎样的权利和义务呢？本章将作总体介绍，以后几章将详细阐述这些问题。

2.1 海关对什么货物进行估价？

简单来说，对于准许进出口的货物、进出境的物品，海关都有权进行估价。

1．入境旅客携带的行李物品和个人邮递物品。对于入境旅客携带行李物品和个人邮递物品，按照规定需要缴纳关税的（如：旅客携带物品超过合理自用数量、邮寄物品超过一定价值），海关按照《入境旅客行李物品和个人邮递物品完税价格表》确定物品的完税价格。

2．进出口货物。对于进出口的货物，海关按照《海关法》、《关税条例》和《审价办法》的规定，以货物的成交价格为基础估定完税价格。如果进口人申报的价格符合成交价格的条件和要求，海关将以其申报价格作为完税价格计征关税。如果海关在审定进口人申报的价格时，发现申报价格不符合成交价格条件，或者有理由怀疑申报价格的真实性和完整性时，海关会制发“价格质疑通知书”给进口人，要求进一步的解释或说明，并视了解的情况根据《估价工作规程》进行操作，按照《关税条例》和《审价办法》规定的方法重新确定货物的完税价格。

3. 涉嫌走私、违规案件的涉案货物。由于这些货物通过非正常渠道进境，或者在进口时提供不真实的申报数据，所以海关按照《计核涉嫌走私的货物、物品偷逃税款暂行办法》估定其完税价格。

行邮物品的估价是按照海关总署制定和公布的《入境旅客行李物品和个人邮递物品完税价格表》确定物品完税价格，相对比较简单。关于涉嫌走私、违规案件计核涉案货物的估价将在第6章详细介绍。需要说明的是，这里所指的海关估价都是对应税进出口货物的估价。

2.2 海关在什么时候对应税进出口货物进行估价?

按照海关通关管理的阶段划分，应税货物在正式申报前、正式申报后到结关前、结关后，海关都可以进行估价。其中，正式申报后到结关前是最为常见的一种情况。

1. 正式申报前。

在进出口人正式向海关申报前，海关只对已接受的预审价商品进行估价。这种预先估价的效力是有限的，如果预审价商品与实际进出口商品状态不同，或者与实际成交情况有差异，海关都将对货物进行重新估价。

预审价需要在货物已经装船但未到达输入口岸前向海关申请办理。

2. 正式申报后，结关前。

进出口人向海关正式提交电子数据后，经海关审核并接受申报的电子数据将传输到直属海关的审单中心，由其对商品编码（HS编码）、价格等申报数据进行审核。一般来说，只要进出口人申报是真实、清晰、完整的，且符合成交价格条件，通过审单中心的审核，进出口人就可以向现场通关科提交纸质申报单和随附单证；经过通关科审核无误，海关将据此计算应缴税款。

如审单中心无法根据申报的电子数据确定应税货物的完税价格，会将该票报关单的审核转岗到现场海关通关科或验估中心进行验估作业。此时，进出口人应向现场海关通关科或验估中心的验估人员提供证明申报价格真实性、完整性的单证资料。海关验估人员对进出口人所申报价格的真实性、完整性有怀疑，需要进出口人进行进一步解释说明的，海关会制发“价格质疑通知书”并送达进出口人，通知其就存在的疑点进行解释。进出口人应当提供“价格质疑通知书”所要求补充提供的资料，如实填写“价格补充申报单”，配合海关验估人员确定应税货物实际状态和完税价格的工作。如果进出口人的解释说明仍不能解除海关的疑虑，或者在期限内不向海关提供所要求的单证资料，海关会制发“价格磋商通知书”并送达进出口人，要求其与海关就应税货物的完税价格确定进行磋商。磋商不是讨价还价，而是海关与进出口人之间充分交流贸易状况、交易情况等信息。经过磋商，海关认为进出口人的申报价格不符合成交价格条件的，将按有关规定对应税货物进行估价。

价格磋商不是讨价还价，而是与进口商充分交流贸易状况、交易情况等信息。

3．结关后。

对于进口货物来说，如果海关通过监控、后续核查或稽查发现完税价格确定不准确，海关可以重新进行估价。另外，对于进口货物，并非结关后都不需要海关监管了，例如，对于在监管期内的减免税货物和保税进口货物来说，仍需接受海关监管。如果在监管期内的保税货物需要提前解除监管或者保税进口货物需要在国内销售，这都需要对货物重新估价征税。

除了以上情况外，海关对于一般贸易进口货物的申报数据会进行风险分析，一旦发现申报价格存在不正常的情况，即使进口人的货物已经结关在国内销售、使用了，海关仍然会向进口人制发“价格质疑通知书”要求其对进口情况进行解释说明。如发现需要重新确定货物完税价格的，海关将依照规定补征税款；如进口人的行为违反了法律和海关有关法规的，海关将追究其刑事责任或进行行政处罚。

2.3 有估价权的海关机构有哪些?

海关业务繁杂，各部门的职能也有重叠交错的，所以，知道哪些海关部门有权进行估价，对于进出口人处理海关事务是很有用的。

直属海关的关税处、审单中心、调查局（主要是稽查处和调查处）和现场海关通关科都有估价的职权。

2.4 收到“价格质疑通知书”该怎么办?

在货物向海关申报后，如果接到海关“价格质疑通知书”，应当首先看清楚通知书的印章，了解是由哪个部门制发的；再看通知书的质疑原因一栏，了解海关对哪些内容有疑问；然后，看通知书需提供材料栏，准备所需资料。收到通知书后，进出口人应当积极准备所需的充分资料，并在“价格质疑通知书”送达15日内向海关提供材料或解释。如果确有困难无法在15日期限内准备好材料的，进出口人应当在到期前向海关说明情况，申请延期。如果进出口人明确表示放弃或拒绝提供进一步的证据、资料，应在“价格质疑通知书”（一式两份）上签注并另行提交加盖其公章的书面说明理由。进出口人逾期不提供材料，或者所提供的材料不足以消除海关怀疑的，海关将不接受进出口人申报的价格，另行按照《关税条例》和《审价办法》的规定确定货物的完税价格。

一般情况下，海关要求进口商所提供的单证、资料原则上要求用原件，如无法提供原件作留存的，可提供影印件，但必须在影印件（每一页）上加盖本单位公章并签注“与原件核对无误”字样，并提供原件给海关核对。

“价格质疑通知书”的文本格式如下，供大家参考：

价格质疑通知书

编号：×××

××××××公司：

贵公司于 2004 年10月8日向海关申报的×××××××(报关单号：0240×××××××)，因有下列原因：

【✓ 】货物的申报价格与海关设定的价格风险参数有较大差异；

【✓ 】货物的申报价格与同时或大约同时进口的相同或类似货物成交价格（或国际市场行情价格）存在较大差异；

【✓ 】买卖双方可能存在特殊关系，且可能对成交价格有影响；

【✓ 】单证之间与价格有关的项目存在矛盾或疑问；

【✓ 】其他怀疑申报价格真实性或准确性的理由：

按《中华人民共和国海关审定进出口货物完税价格办法》第33、34条规定，海关需对成交情况进行核实。请自本通知书发出之日起15日内提供下列单证资料，并协助我关进一步了解与进口货物成交价格相关的信息。若明确不

能提供，或逾期不提供资料，或所提供的资料不足以证明申报价格的真实性或准确性的，或不足以证明买卖双方间的特殊关系对成交价格没有造成影响的，海关将不接受申报价格，依法另行估价。

（√）有关成交的书面情况说明（如提供价格偏低的理由、价格构成情况、交易各方作用）

（√）中华人民共和国海关进口货物价格申报单

（√）原产地证　　（√）头程提单

（√）合同、协议或订单　　（√）业务函电

（√）厂商发票　　（√）运费发票

（√）保险单　　（√）信用证

（√）进口付汇核销单(付汇备案表)（√）结付汇凭证

（√）会计账册　　（√）国内销售单据

（√）商检证　　（√）货物说明书

（√）其他能证明价格申报真实性与完整性的有关单证，签约同期国际国内行情

★注：对不能提供的单证，请作书面说明；必须提供本通知书所述“有关成交的书面情况说明”。

★所附资料请一式两份。

××海关通关科　　经办人：　　日期：

受送达人（签字）：　　日期：

进口商向海关提供的单证、资料原则上要求用原件，如无法提供原件作留存的，可提供影印件，但必须在影印件（每一页）上加盖本单位公章并签注“与原件核对无误”字样，并提供原件给海关核对。

2.5 收到“价格磋商通知书”该怎么办？

进出口人应在“价格磋商通知书”送达之日起3日内前来海关制发该通知书的部门进行价格磋商。磋商前应当准备充分的资料，如：商业往来函电、相同类似商品的价格信息、进出口货物的详细介绍、生产成本、买卖双方的背景资料、国内销售发票和账册等。如果进出口人拒绝签收该通知书或逾期不来磋商的，海关将依《关税条例》和《审价办法》的规定确定货物的完税价格。

“价格磋商通知书”的文本格式如下，供大家参考：

价格磋商通知书

编号：××××

×××××××公司：

你司申报的网球（报关单号：02451××××），经审核你司提供的资料未能消除海关的怀疑，致使成交价格不能确定。为确定完税价格，请贵司在本函发出之日起七日内委派熟知贸易情况（尤其是价格商定情况）的人士携带身份证及其复印件、委托书（或授权书）、贵司掌握的价格资料前来我科办理相关事宜，并请于来之前电话预约。电话：××××××××。

××海关通关科　　经办人：×××　　日期：2005/1/6

受送达人（签字）：　　　　　　　　日期：

2.6 涉及商业秘密的资料是否应该向海关提供？

构成商业秘密，一般具有3个条件，即未向社会公开、能带来利益、已经采取了保密措施。《海关法》第七十二条规定，海关工作人员不得泄露商业秘密。海关对与进出口人交流的信息有保密的义务。买方、卖方或贸易相关方提供的资料未必均属于商业秘密，但在一般情况下，除海关执法需要或司法机关要求查询外，上述资料均不得对外公开；当事人有特殊合理保密要求的，海关也应予以特别保护，防止遗失或泄露。

2.7 发现海关未按照申报价格确定完税价格该怎么办？

进出口人在收到“缴款通知书”时，如发现完税价格与申报价格不一致的，进出口人可以提出书面申请，要求海关就如何确定其进出口货物的完税价格作出书面说明，由海关通关现场制发“海关估价告知书”并送达进出口人。

“海关估价告知书”的文本格式如下，供大家参考：

海关估价告知书

经营单位：　　　　　　　　　　估价告知书编号：

进出口岸	海关编号	申报日期
商品名称	商品编号	贸易方式
规格型号	原产国（地区）	
申报单价	成交方式	数量及单位
收（发）货单位		合同协议号

根据《中华人民共和国海关审定进出口货物完税价格办法》(以下简称《审价办法》)______________________________

____

______________________________的规定，不予接受进（出）口货物申报价格；同时根据《审价办法》______________的规定，对所进（出）口货物按______________________进行估价。如有异议，请按照《中华人民共和国海关法》第六十四条和《中华人民共和国行政复议法》的有关规定，自收到本告知书之日起六十日内向________提出复议申请。对复议决定不服的，可以依法向人民法院提起诉讼。

年　　月　　日（盖章）

如果进出口人对海关估价的结果不服，可以在“缴款通知书”开出之日起60日内向直属海关法律部门（法规处）提出书面复议申请，并提供相关材料。在复议期间，进出口人

仍应按照“缴款通知书”规定的时间和金额足额缴纳税款。

（相关法律法规：《海关法》第六十四条、《关税条例》第六十四条。）

（关于纳税复议的内容详见第8章。）

海关估价所使用的成交价格概念与商业上所使用的成交价格概念有所不同：商业上所说的成交价格就是买卖双方所议定的价格，贸易中实际发生的发票价格；海关估价所使用的成交价格是为了完税的目的而建立的一个海关意义上的概念。

第3章

成交价格方法

进口货物的成交价格法是《WTO估价协定》中最基本、最重要的一种估价方法，是海关确定应税货物完税价格的首选方法。在无法采用成交价格方法时，才能采用其他方法进行估价。据统计，WTO成员方应税货物的90%以上均采用该方法估价。我国海关大约有98%采用成交价格法确定完税价格。因此，掌握该方法意义十分重大。

3.1 成交价格的概念

海关估价所使用的成交价格概念与商业上所使用的成交价格概念有所不同：商业上所说的成交价格就是买卖双方所议定的价格，贸易中实际发生的发票价格；海关估价所使用的成交价格是为了完税的目的而建立的一个海关意义上的概念，因为贸易上的发票价格取决于买卖双方的约定，它的定价是自由的。成交价格是有特定含义的，必须由实付或应付价格和调整因素构成。例如某一票进口货物，它的发票价格（交易价格）是FOB100美元，除了交易价格以外，国内的买方还向国外支付了一笔10美元的卖方佣金。这里的FOB100美元就是这票进口货物的交易价格，而不是海关意义上的成交价格。海关意义上的成交价格应该是110美元，因为卖方佣金属于必须计入实付或应付价格的调整因素。再比如说某一票进口货物，它的发票价格（交易价格）是FOB100美元，在100美元的发票价格里面单列了10美元的货物进口之后的安装、装配等技术服务的费用，这里的交易价格就是FOB100美元，但海关意义上的成交价格应该是90美元。因为规定货物进口之后的安装、装配等技术服务的费用如果单列可以不用计入完税价格。

3.2 实付或应付价格

实付或应付价格是构成成交价格的第一要素，实付或应付价格指买方为进口货物向卖方或为卖方的利益直接或间接、已经支付或将要支付的总额。也就是说实付或应付价格必须由买方支付，支付的目的是为了进口货物，支付的对象是卖方或与卖方有联系的第三方，包括已经支付的、将要支付的总额。这里的核心的要素是支付，支付方式非常多，可以是L/C、T/T，可以是D/P（付款交单），也可以是D/A（承兑交单），也可以采用分期付款、即期付款或远期付款的方式。

支付方式可以分为直接支付和间接支付。不论是直接支付的还是间接支付的，都应该成为完税价格的一部分。所谓“间接支付”最常见的有两种情况，一是由于卖方欠买方债务，因此在实付或应付价格中已经扣减掉上述债务。

案例

设在美国佛罗里达州的施密斯公司，向设在法国巴黎的皮埃尔玩具制造厂支付了一票货物的价款，共1850美元。实际上皮埃尔玩具制造厂应向施密斯公司收取2200美元，但由于皮埃公司欠施密斯公司350美元，因此，皮埃尔公司只向施密斯公司收取1850美元。海关完税价格：2200美元。

二是买方向第三方清偿卖方欠第三方的债务。

案例

设在美国佛罗里达州的施密斯公司向设在法国巴黎的皮埃尔公司支付了一票玩具货款，共3500美元。在此以前，皮埃尔公司向佛罗里达的一家新客户约特公司出售了一批玩具，但在运输过程中货物受到了损失。基于长期的合作关系，皮埃尔公司诚请施密斯公司先向约特公司赔偿索赔，然后皮埃尔公司从发票中冲减500美元。因此，待估货物的价格3500美元是减500美元以后的价格。海关完税价格：4000美元。

3.3 向境内出口销售

“向境内出口销售”是成交价格的另一要素。

一项出口销售交易，如果不是输入进口国的，那么其价格也不能作为海关估价的基础。进口国既可以是国境又可以是关境。一国的国境与关境并不一定完全一致，在很多情况下，关境可能会大于或小于国境。对于组成关税同盟的国家来说，其关境就会大于国境；对设置自由港或自由贸易区的国家来说，其关境就会小于国境。

销售行为也就是买卖行为，按照我国《合同法》的规定，所谓买卖合同是指卖方转移货物的所有权，买方收领货物并支付价款的协定。所以从这个意义上来讲，如果进口货物交易双方不是一种买卖关系，也就不存在成交价格。例如，免费交付的进口货物像以捐赠、赠送方式进口的货物，免费提供的货样、广告品、礼品等，货物的所有权虽然转移，但受赠方是无偿取得货物的，其并不支付价款。不存在销售，也就不存在成交价格。再比如说寄售进口货物，在寄售贸易项下，出口人把货物运交给国内的代理人，委托代理人代销，货物卖出去以后，代理人扣除佣金以后把剩下的货款交给委托人，所以，寄售进口货物在进口环节所有权不发生转移，也不存在销售，也就不存在成交价格。还有像租赁进口货物同样地在进口环节所有权不发生转移，承租人支付的不是价款，而是租金，不存在销售，也就不存在成交价格。总之，如果进口货物不存在销售，海关就可以不采用成交价格的方法，而依次使用其他估价方法估价。

案例

美国A公司从设备制造商M订购了张力辊等一批不锈钢制品生产线上的零部件，并将其无偿提供给A公司在中国境内的子公司B使用，B公司无需向母公司A或制造商M支付费用。进口货物不存在销售，海关没有采用成交价格法，而是用合理方法以A公司购买该批货物的价格为基础确定完税价格的。

3.4 调整因素

调整因素包括应增加的调整因素和应扣减的调整因素。

3.4.1 调增因素

符合一定条件的因素必须计入到实付或应付价格中间去，这些因素主要包括：

1. 运费。

运费包括从出口国或生产国的国内运输成本即从出口国出口运至进口国地（港）的运输成本（即国际运输成本）。例如：在采用卖方工厂交货（EXW贸易术语）时，运输费中就应当包括从卖方的工厂（或仓库）至中国输入地点的全部运输费用。运输费应是指将货物运输到中国输入地点的全部成本，如果货物由第三方免费运输，甚至由买方用自有的运输工具自行运输进口，买方（进口商）没有为此支付费用，海关也会将相当于货物运输成本的金额计入货物的完税价格。没有运输成本的，则按运费牌价予以确定。

(1) 海运进口货物，计算至该货物运抵境内的卸货口岸。如果该货物的卸货口岸是内河（江）口岸，则应当计算至内河（江）口岸。

(2) 陆运进口货物，计算至该货物运抵境内的第一口岸。如果运输及其相关费用、保险费支付至目的地口岸，则仅算至目的地口岸。

(3) 空运进口货物，计算至该货物运抵境内的第一口岸。如果该货物的目的地为境内第一口岸外的其他口岸，则计算至目的地口岸。

陆运、空运和海运进口货物的运费，应当按实际支付的费用计算。如果进口货物的运费无法确定或未实际发生，海关会按照该货物进口同期运输行业公布的运费率（额）计算。

2. 保险费。

保险费仅指进口货物运输到进口港或者进口地的运输过程中为防止货物受损或丢失而保险的费用，但不包括为可能获得的商业利润所投的保险。陆运、空运和海运进口货物的保险费应当按照实际支付的费用计算。如果进口货物的保险费无法确定或者未实际发生，海关会按照“货价加运费”总额的3‰计算保险费。

邮运的进口货物，应当以邮费作为运输及其相关费用、保险费。

以境外边境口岸价格条件成交的铁路或公路运输进口货物，海关会按照货价的1%计算运输及相关费用、保险费。

3. 杂费。

杂费主要包括货代佣金、港口费或机场费、更换运输工具时发生的临时仓储费、集装箱的租借费和包装费、装货

费、卸货费以及运输中对进口货物处置的费用等。例如：货物的搬运、冷藏、动物饲养、破损货物的分拣、运输代理费、多次使用的容器的填装与清洗费等。但在中国境内卸货的费用属于发生在中国境内的费用，不应作为与运输相关的费用计入杂费内。

（1）除购买佣金以外的佣金和经纪费。这里讲的“佣金”主要是指买方或卖方向其代理人所支付的一种劳务费用，包括购买佣金和销售佣金。

所谓购买佣金主要是指买方向他的采购代理人支付的佣金，比较典型的是我们国内的外贸代理。

所谓销售佣金，主要是指卖方向他的销售代理人支付的佣金。这种佣金一般来讲，卖方在定价的时候都把它计入货价中间去，但如果是卖方要求买方直接付给他的代理人，就应该计入到完税价格中间去。

所谓经纪费，主要是指委托人向自己的经纪人支付的从事贸易活动的劳务费用，也应该计入到完税价格中间去。

（2）与进口货物视为一体的容器费用。主要是指可以和货物成为一个整体的，而且可以归入同一个税号的容器，比如说酒瓶、香水瓶，它与酒和香水构成了一个不可分割的整体，如果没有包括在酒、或者香水的实付或应付价格中间，当然应该计入到完税价格中去。

（3）包装材料和包装劳务的费用。主要是指进口货物在包装的过程中发生的一些成本和费用。

（4）协助的价值。协助价值是指可按适当比例分摊的、与进口货物的生产或出口销售有关、由买方以免费或低于成本价的方式直接或间接提供的、未包括在实付或应付价格之中的货物或服务的价值。它包括进口货物所包含的材料、部件、零件和类似货物的价值；在生产进口货物过程中

海关在对成交价格进行调整时，必须采用客观和可量化的数据。

使用的工具、模具和类似货物的价值；在生产进口货物过程中消耗的材料的价值；在境外完成的为生产该货物所必需的工程、开发、工艺、设计以及计划和规划等工作的价值。也就是说，由于买方以免费或以低于成本价的方式提供了这些货物或者服务，卖方在定价的时候肯定会考虑到这方面的因素，这些货物或服务的价值一般情况下没有完全包含在卖方的发票价格之中，因此，其价值当然就应当计入进口货物的实付或应付价格。

比如说国内的买方从国外的卖方那儿订购一批衬衣和西裤，根据合同的规定，生产衬衣和西裤用的剪刀、钮扣、设计图纸和漂白剂由买方免费提供，在衬衣和西裤进口的时候，国外卖方开立的发票价格只包括在国外的原料成本、加工制造成本和利润。那么，在这种情况下，海关就应该把剪刀、钮扣、设计图纸和漂白剂的价值计入到衬衣和西裤的发票价格中。但有两点需加以说明，其一，协助的物品并不要求原产于进口国，可以通过第三国向生产商提供；其二，协助的物品或劳务的价值应合理分摊到被估货物中，即如果协助价值全部消费在生产和销售中，就全部分摊到货物价格中；如果有关货物不是一次进口，则可以把价值合理地分摊到各批货物价格中。

(5）特许权使用费。 特许权使用费计入进口货物完税价格应当具备3项条件，第一是须与进口货物有关；第二是作为进口货物销售到境内的一项条件； 第三是尚未包括在进口货物实付或应付价格之中。(关于特许权使用费的海关估价，本章3.6节、3.7节和3.8节专门进行阐述。)

(6）转售收益。转售收益指卖方直接或间接从买方对货物进口后转售、处置或使用所得中获得的收益。也就是说，如果买方在货物进口之后，把进口货物的转售、处置或使用的收益一部分返还给卖方，当然，这部分收益的价格就应该计入到买卖双方之间的交易价格中。

3.4.2 调减因素

符合一定条件的因素不应计入到实付或应付价格中间去，这些因素主要包括：

1. 工厂、机械、设备等货物进口后的基建、安装、装配、维修和技术服务的费用。上述费用实际上是一种对劳务的支付，而不是对进口货物本身的支付。

2. 货物运抵境内输入地点之后的运输费用。既然我国是以到岸价格（CIF）作为完税价格的基础，如果交易价格中间包括这部分费用，当然就应该扣除。

例如：进口货物从日本装船启运，途经上海，最后到达指运地南京报关进口，此时，南京是这批进口货物的输入地点，应税的运费应是从启运地到南京的运费。如果该批进口货物在上海向海关申报进口，那么上海就是该批货物的输入地点，运费就应从启运地计算到上海为止。

3．进口关税和国内税。这也是同样的道理，如果不扣除这部分的话，就构成重复征税了。

当然，以上3项扣除的前提是必须能和进口货物的实付或应付价格相区分，否则是不能扣除的。

4．进口商自行从事的活动（如广告、促销）的费用。除规定的费用调整项目外，即使对出口商有利，也不能被视为间接支付。

5．由进口商向出口商流动的股息或投资分红（属于投资收益）。

6．融资利息（因资金融通而产生的费用）。应符合下列条件：可与实付或应付价格相区分；有书面的融资协议；相关利息水平未超过融资国现行的利率水平。例如，进口商在对外支付款项时，同时支付的远期信用证利息。因为这种利息是付给银行而不是付给出口商的。

7．出口商申领出口配额的费用。

不能从进口货物成交价格中扣除的款项有：

一是出口商对进口商以前销售的奖励；

二是出口商因延期交货而支付的罚款。

3.5 成交价格的条件

前面讲了成交价格的定义，包括实付或应付价格、向境内出口销售、调整因素3个核心的要素。成交价格除了具备这3个要素以外，还必须满足一定的条件，否则也不能适用成交价格方法。成交价格必须具备以下4个条件。

买方对进口货物的处置或使用不受实质性影响的限制。

货物的价格不得受到使该货物成交价格无法确定的条件或因素的影响。

买卖双方之间的特殊关系没有影响到成交价格。

卖方不得获得因买方转售、处置或使用进口货物而产生的收益，除非该项收益可以客观量化。

3.5.1 买方对进口货物的处置和使用不受限制

如果买方对进口货物的处置权或者使用权受到某些限制，那么进口货物就不适用成交价格的方法。因为建立在这种限制基础上的交易是不公平的，相应的价格也会受到影响。例如，某些进口合同规定，进口货物只能用于展示或免费赠送，或进口货物只能转售给和卖方有特殊关系方，以及进口货物加工为成品之后，卖方必须全部回购等等。但有些限制是对交易价格没有实质性影响的：

第一种是国内法律、法规或规章规定的限制。这类限制属于法律上的范畴，对所有进口商都是公平的，例如对于某一种商品，国内法律规定进口商必须凭许可证才能进口；又如国内法律要求进口浓缩铀只能用于核电燃料等。这类限制不会对交易价格产生实质性影响，不应当成为拒绝成交价格的理由。

第二种是对货物转售地域的限制。例如，日本富士胶片公司在向中国出口彩色胶卷时，要求进口的富士胶卷只供在中国市场销售，不得向第三国转售。

3.5.2 货物的出口销售或价格不应受到导致该货物成交价格无法确定的条件或因素的影响

以下几种情况属于导致该货物成交价格无法确定的条件或因素，海关难以通过客观量化标准进行确定，海关可以不采用成交价格方法。

1. 出口商确定的进口货物的价格是以进口商同时向其购买一定数量的其他货物为条件的（即搭售）。

2. 出口商确定进口货物的价格，建立在买方必须向其出售另一种货物的价格基础上（即对销或互售）。由于交易双方都不实际付款，他们之间的交易价格只是一个作价，进口货物的价格是建立在出口货物价格的基础上，买卖双方可能同时提高或降低进出口货物的价格，因此，互售货物的价格并不一定反映货物的真实价值。

3. 出口商确定的进口货物价格，建立在与进口货物无关的支付形式上。例如，马来西亚一个棕榈油出口商与中国某油脂加工企业之间达成了一笔交易，合同规定马方以100美元/吨的价格售予中方500吨毛棕榈，同时中方应在到货之后3个月内向马方返回20吨精炼食用棕榈油。这里的

100美元/吨的进口价格是以返回20吨精炼食用棕榈油为条件的。

3.5.3 卖方不得直接或间接从买方获得因转售、处置或使用进口货物而产生的任何收益，除非该收益可以客观量化

买方除了支付货价之外，还返还一部分进口货物的转售、使用利润，这种情况下如果没有客观量化的数据资料不能作出调整，海关可以不采用成交价格方法。例如，国内某公司为筹建一个彩色照片冲扩部，进口一台自动冲扩设备，销售合同规定：在该彩照冲扩部正式开业后1年内，由该公司将冲扩部营业利润的10%按月汇给卖方。在这种情况下，由于货物进口时不可能预计开业后利润，故买方返还给卖方的利润无法合理确定，因此，进口设备的成交价格不成立。但是，如果合同规定，该冲扩部正式开业1年内，由该公司按月返回1000美元，则成交价格成立，因为，返回的收入可以合理确定，并计入成交价格。

3.5.4 买卖双方之间没有特殊关系或虽有特殊关系但没有影响成交价格

从世界范围内来讲，根据不完全统计，每年大约有1/3的国际贸易是在有特殊关系人之间发生的。所以，特殊关系的问题在国际贸易中，还是一个带有普遍性的问题。

买卖双方特殊关系表现为下列几种情况之一：

1. 买卖双方为同一家族成员；
2. 买卖双方互为商业上的高级职员或董事；
3. 一方直接或间接地受另一方控制；
4. 买卖双方都直接或间接地受第三方控制；

5. 买卖双方共同直接或间接地控制第三方；

6. 一方直接或间接地拥有控制或持有对方5%或以上公开发行的有表决权的股票或股份；

7. 一方是另一方雇员、高级职员或董事；

8. 买卖双方是同一合伙的成员。

商业上的独家代理、独家经销或独家受让人并不一定构成特殊关系，只有满足以上条件之一的，才视为有特殊关系。

买卖双方有特殊关系这个事实本身并不能成为不采用成交价格的理由，应由海关对这种关系是不是影响双方的成交价格进行审查，以确定特殊关系是否影响了成交价格。海关要审查买卖双方的交易本身，也就是对双方的销售环境进行审查，了解买卖双方的交易价格是怎么达成的：

1. 是否符合该行业的正常定价惯例；

2. 是否符合出口商向无特殊关系的第三方的销售价格；

3. 利润是否符合同类货物的利润水平。

协定规则建立的基础是进口商和海关的相互信任。

这种审查是基于进口商的举证，包括提供国外卖方的成本利润方面的会计资料。

另外一方面可以进行价格测试。海关或进口商可将存在联系的买卖双方所达成的价格与测试价格进行比较。只要这一价格接近测试价格，就能证明价格没有受到特殊关系的影响。

测试价格是指采用成交价格法以外的其他估价方法确定的、为海关所接受的价格。测试价格主要有以下几种：

1. 在没有特殊关系的买卖双方的销售中达成的，输往同一进口国的相同货物或类似货物的成交价格；

2. 根据倒扣法确定的相同或类似货物的完税价格；

3. 根据计算法确定的相同或类似货物的完税价格。

以上3种都是建立在相同或类似货物基础上的完税价格。在使用第一种测试价格比较时，应注意两种货物应在同一或大致同一时间出口；在使用第二种测试价格比较时，应注意两种货物应在同一或大致同一时间转售；在使用第三种测试价格比较时，应注意两种货物应在同一或大致同一时间进口。而且在比较时，应当适当考虑商业水平、数量水平以及费用调整因素的差异。测试价格只用于说明进口货物的价格是否能被接受，不能作为确定完税价格使用。

如果进口商没有提供有关的证据或者提供的证据不足以说明双方的特殊关系不影响成交价格，那么海关就可以不采用成交价格方法而另行估价。

3.6 特许权使用费海关估价

1. 特许权和许可费的定义。按《不列颠百科全书》对“特许权费”(ROYALTY) 的注释，“法律上指某些类型的权利所有人允许他人使用其权利而收取的费用。这些权利包括文学、音乐和艺术品的版权，发明设计的专利权及矿床（包括原油、天然气）的所有权。”“特许权”一词最早起源于英国。许多世纪以来金矿与银矿皆为英国王室的财产，只有在向国王付出“特许权费”后才可以开采。类似的情况还出现在出版机构要使用书籍作者的著作，剧院、出版商要推出剧作家的剧本，排演录制音乐家的乐曲，以及发明家和专利持有人将其发明专利委托有资金及技术的经济体使用其专利许可制造产品等情形。人们将作家因版权和专利人因持有专利和许可而获取的费用皆作为“特许权费”。根据《不列颠百科全书》，我们将具有以下3项特征的费用定义为“特许权费”：

（1）因智力及才艺等产生的成果及矿产而带来的财产权利；

（2）该财产权利由他人付出费用后加以利用，而非由权利所有人本人使用；

（3）权利所有人作出安排，安排他人使用该权利，并以权利利用的实际程度为依据收取使用费。

2. 海关估价协定中特许权费的定义。为了使世贸组织成员方正确地运用海关估价协定，《WTO估价协定》对本协定第八条第一款C项的“特许权和许可费”进行了解释。

《WTO估价协定》第八条第一款C项的有关注释：

（1）本款所指的专利和许可费应包括对专利、商标及版权所支付的费用。但在进口国内复制产品的费用不能加入进口货物的实付或应付价格中确定海关完税价格。

（2）如果进口商支付的是因取得在进口国国内转售或分销进口货物权利的许可费，只要这笔许可费不是所估货物向进口国出口销售的一项要件，那么该项支付不应加入进口

货物的实付或应付价格中。

根据上述条款，海关估价委员会以列举的方式对“特许权和使用费”进行了定义。“特许权和许可费”应包括：为专利支付的费用；为商标支付的费用；为版权支付的费用。但这种定义只是列举了常见的几种特许权使用费的情况，并非是权威性的定义。一般而言，“特许权使用费”这个概念既包含那些尚未被法律确认和保护的权利（如专有技术），也包括已被法律保护的的权利（如专利、商标），并且其含义也可能因国内立法制度的不同而有所区别。

3. 特许权和许可费计入完税价格的条件。众所周知，关税的征收对象是进出口货物和物品，是有形货物，像商标、专利等无形权利其本身并不是应税的。但由于这些权利可能与进口货物的制造、销售、使用或转售有关，直接或间接地构成了有形货物的制造和销售成本，它们有可能成为应税货物完税价格的的一部分，但必须满足一定的条件。

从第八条第一款C项的规定出发，计入完税价格的“特许权和许可费”在性质上必须是：

（1）与被估货物有关；

（2）作为被估货物销售的一项要件；

（3）必须是直接或间接支付的、尚未包括在实付或应付价格内的特许权和许可费。

在数量上，满足上述条件的特许权和许可费必须以客观量化的数据为基础（第八条第三款）。如果客观、量化的数据不存在，就不能按第八条规定作为成交价格调整项，那么成交价格就不能按第一条确定为完税价格。

案例

某一产品在进口国以升为计量单位销售，并以此销售额为基础计算专利费。而该产品所用的进口原料则是以公斤为计量单位的。如果特许权费是以进口货物的一部分为基础计算，其余部分与进口货物无关（例如，进口货物添加了进口国内的配料，并且不可再分，或专利费无法在买卖双方的财务安排中单独分离出来），此时就不能以专利费作为成交价格的加项。

3.7 特许权使用费估价立法的历史沿革

3.7.1 国际上对特许权使用费估价立法的演变

GATT估价制度框架下有两个比较著名的估价制度，即《布鲁塞尔海关商品估价公约》和《关于实施GATT第七条的协议》(海关估价——1979），1994年又演变为《WTO估价协定》，这两个不同时期和不同历史背景下制定的估价制度对“特许权使用费”估价有着不同的态度。

1.《布鲁塞尔海关商品估价公约》对特许权使用费估价的规定。

《布鲁塞尔海关商品估价公约》估价定义采用的是“正常价格”，是指进口货物纳税时在公开市场上相互独立的买卖双方之间进行的交易中货物的销售价格。“正常价格”既不是一种具体的价格，也不是虚构、武断的价格，而是建立在抽象的销售合同概念上的价格，“正常价格”最基本的要求是在公开市场上所有购买者都能获得的价格。根据这一基本要求，《布鲁塞尔海关商品估价公约》对诸如折扣、独家销售、广告费、特许权使用费有着不同的规定。《布鲁塞尔海关商品估价公约》附件——估价定义第三条：

当被估货物是根据专利发明而制造的或已经采用了手保护的设计方案时，或使用国外商标而进口时，或使用外国商标进口供出售、处理或使用时，正常价格应包括货物使用专利权、设计方案或商标的费用，并以此加以确定。

根据这一定义，被估货物完税价格只要符合上述条件，这些特许权使用费就应当计入完税价格，而无论其是否实际支付；计入完税价格的特许权使用的条件也更为宽泛，如使用外国商标进口供出售、处理或使用均应计入完税价格，而不论费用的支付是否是销售的一项条件。

2.《WTO估价协定》对特许权使用费的估价规定。

《WTO估价协定》采用了“成交价格”定义，所谓成交价格是指买方为取得货物的所有权而向卖方实付、应付的价格。“成交价格”是一项“具体价格概念”，是以被估货物的实际销售价格作为估价的基础。这是一项旨在实现贸易自由化的目的在海关估价制度上的反映。其主要3项总的前提条件为：（1）承认商界具有决定价格的权力，在特定的时间、地点，价格不是惟一的；（2）对发票价格仅能够进行最低程度的调整；（3）只能在最低程度上背离成交价格。也就是说，完税价格是以实际在贸易过程中产生的费用作为依据的，既不能故意加入，也不能随意扣除，对于特许权使用费作为第八条C款的一项加项是严格符合规定的：

（1）与被估货物有关；

（2）作为被估货物销售的一项要件。

根据《WTO估价协定》第一条第一款及其解释性说明，有关货物的实付应付包括由买方向卖方支付的全部付款或者买方为与被估货物有关的卖方利益所进行的价款履约。对于特许权使用费加入完税价格可以这样理解：买方为得到进口货物而必须支付给卖方（或与卖方有关的第三方）的所谓特许权使用费，应构成成交价格的一部分。如这种特许权费与被估货物没有直接关系或者关系并不密切，应当认为现有的特许权使用费的价格是除被估货物以外的价格，不应加入到现有的被估货物的完税价格中去。

3.7.2 我国有关特许权使用费立法的规定

特许权使用费及计算机软件费等一起曾被通称为“软件费”，主要的立法规定有：

1. 1992年的《进出口关税条例》第十五条规定：“进口货物的完税价格，应当包括为了在境内制造、使用、出版或者发行的目的而向境外支付的与该进口货物有关的专利、商标、著作权以及专有技术、计算机软件和资料等费用。”

2.《中华人民共和国海关审定进出口货物完税价格办法》(海关总署第95号令)。

3.《中华人民共和国海关关于进口货物特许权使用费估价办法》(海关总署第102号令)。

3.8 特许权使用费估价办法的主要内容

3.8.1 专利权或专有技术使用权的支付计入进口货物完税价格的判定

3.8.1.1 判断专利、专有技术使用费是否计入进口货物完税价格的步骤

1. 从以下3个方面判定专利、专有技术使用费是否与进口货物有关：

(1) 进口货物是否为含有专利或专有技术的货物；

(2) 进口货物是否为用专利方法或专有技术生产的货物；

（3）进口机器设备是否为实施专利或专有技术而专门设计或制造的机器、设备。

2．要判断专利、专有技术使用费支付是否构成卖方出口销售的条件。

当进口货物满足“1”中任意一条，并且同时满足“2”的条件时，特许权使用费需计入完税价格。

3.8.1.2 对判断步骤中有关问题的理解

1．对含有专利或专有技术的货物的理解。

当进口货物本身是专利或专有技术产品时，进口商为货物本身所体现的专利或专有技术所支付的专利、专有技术使用费可以视为与进口货物有关，当这笔费用的支付构成出口商出口销售的条件时，这笔特许权使用费必须计入进口货物的完税价格。

专利和专有技术的区别在于：专利是经向专利局申请，经专利局认定并受专利法保护，而专有技术则未向专利局申请；专利权是依法授予发明创造者或单位对发明创造成果独占、使用、处分的权利，而专有技术是指以图纸、模型、技

案例

申请了外观设计的专利便签夹，是一个专利产品，进口商在购买便签夹时，除了支付贷款外还需支付专利费，专利费的支付是为了获得专利产品，专利费的支付与进口货物便签夹有关。同时根据协议，买方不支付这笔专利费就无法获得进口货物便签夹，专利费的支付构成进口货物出口销售的条件，所以专利费的支付同时满足“与进口货物有关”及“支付是出口销售的条件”，应该计入进口货物的完税价格。

术资料和规范等形式体现的尚未公开的工艺流程、配方、产品设计、质量控制、检测以及营销管理等方面的知识、经验、方法和诀窍等。

2. 对用专利方法或专有技术生产的货物的理解。

专利还包含方法专利，即虽然进口货物本身不是专利产品，但进口货物是根据专利方法生产的货物，并且因使用专利方法而支付了费用。

(1) 专利方法生产的货物。例如：某种药品，虽未申请专利，但生产药品的方法已经申请了专利，在药品的生产过程中使用了该专利方法，进口商除了支付药品的费用外，还必须为了药品中所含的专利方法向出口商支付费用，此种费用的支付与进口药品中专利方法有关，而且根据买卖双方协议，进口商必须支付专利费方可达成药品进口的交易。这时，专利费的支付与用专利方法生产的进口货物有关，且构成货物出口销售的条件，需计入进口药品的完税价格。

(2) 专有技术生产的货物。例如：中国某地一个可口可乐饮料有限公司进口可口可乐浓缩液，由于该浓缩液是卖方可口可乐公司运用尚未公开的秘密配方生产，该配方属于卖方拥有的一项专有技术，那么，中国的买方除了支付浓缩液货款外，还必须为此支付专有技术费。此费用的支付可以认定与进口货物浓缩液有关，进口商若不支付专有技术费用则可口可乐浓缩液无法进口，所以该笔费用应该计入完税价格。

3. 对为实施专利或专有技术而专门设计或制造的机器、设备的理解。

进口的机器、设备首先是专门设计或制造的，而且是为了实施新的专利或专有技术才进口的，非通用机器、设备。

也就是说，该项工序是体现在货物上惟一的商业可行用途，或者只有使用此进口货物才能实现该专利工序。在这种情况下，该专利权费或专有技术费须作为销售的一项要件而成为进口货物支付的一部分，因而与进口货物有关。

案例

进口商I与卖方S就轧钢机设备达成一项销售合约。这个轧钢机设备将被安装在进口国的一家大型钢棒厂。要使用这台轧钢机设备，需要一定的技术，其中包含有一项带有专利的工序。在支付设备货款外，进口商必须支付150万欧元的许可费以取得使用这项专利工序的权利。卖方S从进口商中收取设备的货价和许可费后，将把全部的许可费交给专利所有人。

许可费的支付是由于使用带有专利的工序使轧钢机设备可以进行生产所引起的。轧钢机设备购买的最终用途就是为了使用带有专利的生产工序。既然支付的150万欧元的专利工序许可费是与被估货物有关并且作为销售的一项条件，它就应该加入到进口的轧钢机设备的实付或应付价格中。

4. 当专利和专有技术与进口货物分开进口时，完税价格如何确定？

专利、专有技术并不是必须在进口时附着于进口货物的，也可能是进口货物进口后等待着“专利”、“专有技术”与之相结合。在《特许权使用费估价办法》第五条第二款还规定了当专利、专有技术不与通常使用的货物一起进口，而以磁带、磁盘、光盘或其他类似介质或形式进口，或通过网络或卫星等方式下载或传输，该如何判定有关货物的问题。

如这些“专利”和“专有技术”以磁带、磁盘、光盘或其他类似介质形式，或通过网络或卫星等方式下载或传输的，这些“专利”和“专有技术”是进口货物所涉专利或专有技术，应当认定与所涉的进口货物有关，而不是与上述介质有关。此款的含义就是：特许权利费是为购买什么货物而支付的，那么它就应该与该货物有关，所支付的特许权使用费应计入该货物的完税价格，而不论专利和专有技术是以何种形式或方式进口的，其介质是什么。

案例

某电装汽车有限公司是由日本电装公司、丰田公司和中方共同投资的中外合资企业，该公司主要生产组装汽车发电机和启动电机。在公司成立时以技术引进的形式签订合同，购买了组装发电机和启动电机的专有技术，合同规定买方除了以1000万日元的入门费支付专有技术使用费外，还需按成品组装后的纯销售价格（即国内增值部分）的2.1%提成支付给卖方。另外，该公司还从日本电装公司购买了1000套发电机SKD散件，以后企业将逐步实现国产化。

从这一案例来看，进口商购买的特许权利是组装发电机和启动电机的专有技术，而在SKD散件进口时专有技术尚未包含在进口货物中，进口的SKD散件本身并不含有所购买的专有技术，只是在进口散件组装成成品以后，也就是经过国内加工工序后，专有技术才凝结在成品发动机里，与其说专有技术与进口散件有关不如说是与加工后的成品有关，况且随着国产化率的逐步提高，进口散件所占比例也越来越小，专有技术更体现了国内加工成品有关的特性。

案例

某电讯器材（中国）有限公司，为美国某电讯器材公司设在苏州工业园区的独资企业。该公司主要进口同轴电缆、天线散件、电缆接头散件、钢丝网罩等商品，生产同轴电缆组件、跨接电缆组件、终接器、可曲金属波导、终端转换器等通讯器材和设备，大量销售于国内市场。

美国的母公司拥有或控制与生产有关的有价值的和保密的专有技术，并且是某些商标的惟一独占性所有人。电讯器材（中国）有限公司从1998年11月投产以来，一直使用母公司的注册商标和专有技术，签有“商标使用许可协议”、“技术许可协议”和“技术许可补充协议”等书面文件。两项使用权的提成费均按“净销售额”的3.5%计算。协议还规定：被许可方应向许可方购买因任何原因其无法生产的任何产品，即必须购买许可方提供的原材料，主要为园轴电缆、无线零件。

本案的技术许可费也是与生产有关的保密的专有技术，与进口的园轴电缆、无线零件并不直接相关，专有技术尚未固化于同轴电缆、无线零件中，只是在进口件与国产件进行加工后，凝结在成品电缆组件中。根据《估价办法》第五条的规定，不满足与进口货物有关的条件。至于支付的商标权费，根据《估价办法》第六条规定来判断。

3.8.2 商标权使用费计入进口货物完税价格的判定

商标是某一特定的制造商或销售商的销售标志，也是产品质量或信誉的一种承诺。商标权是指商标所有人对依法经国家商标主管机关核准注册的商标所享有的专有权利。对使用商标而支付的费用是否计入完税价格，要视商标所有人而定。商标所有人分为进口商本人、生产商或销售商、其他第三人。若商标权所有人归生产商本人，他在使用该商标销售货物时，不存在支付商标权使用费的问题；若商标所有人为生产商或销售商，且货款和商标费是支付给同一生产商或销售商的，在该情况下，就要考虑商标费的支付是否作为购买进口货物的条件来决定是否要计入完税价格；若商标所有权为第三人拥有，由于货款的支付对象是货物出口商，商标费的支付对象是商标所有人，且这两种支付是相互独立的（即：即使不支付商标费给商标所有人，进口商也能从生产商或销售商处购买到进口货物），这种商标费不能作为完税价格的一部分。

3.8.2.1 判断商标权使用费是否计入进口货物完税价格的步骤

1. 首先从以下3个方面判定商标权使用费是否与进口货物有关：

（1）进口货物是否为直接附有商标的进口货物；

（2）进口货物是否为进口后附上商标直接可以转售的；

（3）进口货物是否为进口后经轻度加工附上商标即可以转售的。

2. 其次要判断商标权使用费的支付是否构成卖方出口销售的条件。

当进口货物满足“1”中任意一条，并且同时满足“2”的条件时，特许权使用费需计入完税价格。

3.8.2.2 对判断步骤中有关问题的理解

1. 直接附有商标的进口货物。

商标是某一特定的制造商或销售商的销售标志，也是产品质量或信誉的一种承诺。商标权费是否应该计入有关货物的完税价格，是否与进口货物有关，关键是看进口货物是否以该商标出口营销的，其实质含义是进口货物在进口时商标权是否已包含在进口货物中，而不是单纯去考虑进口之时还是在进口之后才把商品附上去的。

案例

在P国的进口商I从在X国的生产商M处购买户外服装。M同时也拥有商品和与之相关的两个滑稽形象。根据M和I之间的特许权使用协议，M将只为I生产服装，同时服装在进口前已经打上了商标与滑稽形象，I则可以在P国将这些服装再销售。为了获取上述便利，I同意在进口服装的价格基础上，额外支付一笔款项给M。费用将根据该类服装的销售净收入的一定百分比进行计算。为转售含有商标的进口服装而支付的特许权使用费是销售的要件，同时也与进口货物相关。缺少了商标和滑稽形象的进口货物将不被购买和无法转售。因此，该项支付应该被计入实付或应付价格。

2．进口后附上商标直接可以转售的进口货物。

货物进口时并没有附上商标，商标是进口后单独由出口商提供的，或者根本不提供而由进口商自行加工，附于进口货物之上。商标费不同于其他权利费，即使没有在进口时体现在进口货物上，但只要支付了商标费，那么无论是进口货物的质量和信誉还是进口后转售使用商标的权利都不会受到任何影响。

3．进口后经轻度加工附上商标即可以转售的进口货物。

这种情况实际上是上述第二种情况的引伸。根据《特许权使用费估价办法》(以下简称《估价办法》）第十五条的解释，《估价办法》所称“轻度加工”是指稀释、混合、分类、简单装配、再包装或其他类似加工。

案例

中国某制药有限公司向美国出口商海外氰胺公司购买抗菌素类产品美满霉素，进口原药到工厂后进行简单的胶囊充填和再包装，附上美满霉素的商标后即可以转售。中国制药有限公司除了向出口商支付原药价格外还需支付商标费，此商标费视为与进口货物美满霉素原药有关，而且商标费的支付是美满霉素出口销售的条件，所以商标使用费需计入进口货物的完税价格。

4. 值得注意的是，商标权使用费的支付所指向的商标权只有与进口货物所附带的商标权（第六条第一款）或暗含的商标权（第六条第二、三款）是一致的，才能构成与进口货物有关。

案例

HP公司在国内生产并销售惠普PC机，该公司进口的材料中有一个CD-ROM，由于CD-ROM为定牌生产，生产厂商为韩国GOLDSTAR公司，CD-ROM进口时虽然正面印有HP字样，但CD-ROM的商标是GOLDSTAR并且该商标已经印在了CD-ROM机身上，进口产品上虽有HP标志，但产品本身的商标是GOLDSTAR，因此HP公司对外支付的商标权费指向的商标(HP)与进口货物CD－ROM机的商标权所指向的商标(GOLDSTAR)是不一致的，所以商标费的支付不符合本条规定。

3.8.3 著作权使用费计入进口货物完税价格的判定

3.8.3.1 判断著作权使用费是否计入进口货物完税价格的步骤

1. 首先从以下两个方面判定著作权使用费是否与进口货物有关：

（1）进口货物是否包含有软件、文字、乐曲、图片、图像或其他类似内容的进口货物，包括以磁带、磁盘、光盘或其他类似介质进口的；

（2）其他包含著作权的进口货物。

2. 其次要判断著作权使用费的支付是否构成卖方出口销售的条件。

当进口货物满足“1”中任意一条，并且同时满足“2”的条件时，特许权使用费需计入完税价格。

3.8.3.2 对判断步骤中有关问题的理解

根据《WTO估价协定》第八条第一款（C）的解释性说明认为：对于在进口国国内复制进口货物的权利所收取的费用，在确定完税价格时，不应加入该进口货物的实付、应付价格中，也就是说，对于在进口国国内复制进口货物的权利所收取的费用，其所支付的费用与进口货物无关。但对于在进口后播放、播映、演奏、展示等行为，《WTO估价协定》没有作出规定。但其是否是销售的一项条件则是问题的关键。“其他包含著作权的进口货物”是一个保险条款。

案例

音像制品进口：某公司是国家允许的可以进口外国影片的公司，该公司购买进口影片一般有两种形式，一种为买断版权（包括影院播映权、制作VCD权或全权），一次性付清全款；一种为票房分账即根据全国总票房收入的11%～13%支付给外方，支付的费用为影院播映权。上述两种支付根据本办法著作权使用费的规定，可以判定与进口货物有关。

案例

软件包进口：某公司是国外某知名公司在中国设立的独资公司，该公司主要进口以光盘为载体的软件，其中进口一种零售包装产品，主要由光盘软件、许可证、产品手册组成，一次性进口，一次性许可。货物的成交价格包含软件许可费，光盘价格每盘1美元，手册每本3美元，根据本条规定，软件许可费应视为与光盘有关。

3.8.4 分销权、转售权或其他类似权利费的支付计入进口货物完税价格的判定

分销权、转售权或其他类似权利费的支付是否计入进口货物完税价格的步骤：

1. 首先从以下两个方面判定著作权使用费是否与进口货物有关：

（1）进口货物是否进口后可直接转售；

（2）进口货物是否经轻度加工即可销售。

2. 其次要判断使分销权、转售权或其他类似权利费的支付是否构成卖方出口销售的条件。

当进口货物满足“1”中任意一条，并且同时满足“2”的条件时，特许权使用费需计入完税价格。

如果出口商要求进口商除了支付货款外，在货物进口后，还需把对进口货物的转售、处置或使用的收益的一部分直接或间接地付给卖方，根据规定，这部分应该是买卖双方议定价格的一部分，只是付款方式不同而已，应作为调整的因素计入完税价格。必须强调的是，此类权利的所有人是进口货物的卖方，进口人若不支付这部分权利费就无权进行分销、转售。

沃尔玛公司通过全球采购的方式采购了大量OEM产品，如家用电器、服装，发往各连锁店，其在中国的连锁店分销上述商品，由于分销权属沃尔玛公司且商品为沃尔玛公司提供，各连锁店必须向沃尔玛公司支付分销权费，此费用的支付与进口货物有关。

3.8.5 关于特许权使用费的计算问题

在《估价办法》第十二条中，规定了特许权使用费的分列计算问题。考虑到买方向卖方支付的特许权使用费中可能涉及专利、商标、著作权等权利的费用，但其中只有一项或部分权利与进口货物有关，海关应根据客观可量化的数据进行计算，将与进口货物有关的费用分列出来。如果应计入特许权使用费的不是与全部进口货物有关，仅涉及部分进口货物的，海关也要根据客观量化的数据进行分列计算，并应将有关的特许权使用费计入进口货物的完税价格。

对于“公认的会计原则”，根据估价协议的有关注释是指，在一特定时间内，一国关于下列内容的公认的一致意见或实质性权威支持：何种经济资源和债务应记为资产和债务、资产和债务的何种变化应予记录，如何衡量资产和债务及其变化、何种信息应予披露及如何披露，以及应编制何种财务报表等。这些标准可以是普遍适用的概括性的准则，也可以是详细的做法和程序。

案例

上海某公司特许权费补税案

一、案情

上海某公司是一家中日合资企业，公司生产、销售可编程序控制器，主要进口商品为可编程序控制器关键件，是一家技术密集型企业。该公司从日本进口可编程序关键件，在境内组装生产销售，日本企业提供相关技术支持，其中包括：生产过程中所使用的专有技术；相关生产技术图纸和资料；商标以及有关专利。作为代价，上海公司按其销售产品收入的3%（即提成费），向日本公司支付特许权使用费。

二、分析

(一) 特许权使用费的支付是否与进口货物有关

1. 上海公司在生产过程中所使用的专有技术，主要包括：日本公司为上海公司生产可编程序控制器所开发的制造管理技术、生产技术、修理技术、工厂经营技术、图纸管理技术、提高产品性能的技术以及产品的质量控制技术等。公司的相关文件显示，这些专有技术只是一些具体的操作方法，其作用是提高上海公司有关人员的管理整体水平，而进口货物——可编程序控制器本身并不包含这部分专有技术，

因此，上述专有技术与进口货物无关。

2．上海公司在生产过程中所使用的生产技术图纸资料，包括生产制造上的技术资料和图纸，这些技术图纸的内容主要是进口可编程序控制器相关零部件的技术性能和工艺图纸，其用途是帮助中国工程技术人员及早了解和掌握生产工艺，故这些图纸和资料也与进口货物——可编程序控制器无关。

3．上海公司在生产过程中所使用的商标，通过对该司生产过程考察以后发现，所有的进口可编程序控制器关键件并未包含任何商标，相关商标是由上海公司在可编程序控制器组装完毕以后（包括使用相关国产配套件），通过商标打印机直接打印在产品上。从《估价办法》第六条可以判断，该商标使用费与进口货物无关。

4．相关专利，主要包括14项产品专利，从日本公司提供的专利清单及专利注册文件中可以判断，上海公司进口的可编程序控制器关键件中含有日本公司所有并经过注册的产品专利，并且必须在生产过程中使用上述专利。可以断定上述专利使用费的支付与进口货物有关。

（二）专利使用费的支付是否成为卖方货物出口销售的条件

通过进一步的调查发现，进口的可编程序控制器关键件中包含有关产品专利，这些专利是上海公司生产可编程序控制器的必要条件，也就是说，如果没有专利，上海公司将无法生产这些货物，或者如果上海公司不支付相关专利使用费，日本公司将不可能向上海公司出口上述货物或不以现有的价格条件向上海公司出口上述货物，由此可见，专利使用费的支付是日本公司货物出口销售的条件。

（三）对特许权使用费的估价结论

通过上述分析可以得出：上海公司向日本公司支付的特许权使用费中，由于专有技术使用费、图纸资料费和商标使用费与进口可编程序控制器关键件无关，故不应计入该类进口货物的完税价格；而专利使用费与进口货物有关，且是货物进口的条件，同时尚未包含于货物完税价格中，即相关费用中的专利部分所涉及的特许权使用费与进口货物有关且是进口可编程序控制器关键件的条件，而有关费用尚未包括在已申报的可编程序控制器关键件的申报价格中，海关应当将上述专利使用费计入进口可编程序控制器的完税价格，并追征相应税款。

三、税款的计算

在此案中，上海公司按其销售产品收入的3%（即提成费），向日本公司支付特许权使用费。而这些特许权使用费中只有专利费需计入完税价格，这时就需要对这3%的提成费进行分摊，分摊时必须根据客观量化的数据及公认的会计原则进行合理计算。在合理计算和分摊后，上海海关对该公司1999年7月至2002年6月对外支付的特许权使用费1394万元人民币分摊计算后补税214万元。在这里要强调的是，分摊的前提是上海公司接受了海关对是否计入完税价格的分析。同时根据《估价办法》第十一、十二的规定，若进口商没有客观可量化的数据资料或不能根据公认的会计准则进行合理分摊的话，海关可以将所用费用都予以计入，或对进口货物另行估价，显然这一规定给进口商一定的压力，也明确了进口商不可推卸的举证责任。当然，进口商最后的分摊结果必须经海关认可。

进口货物涉及下列费用属于单独列明的，经海关审查确认，不计入进口货物的完税价格。

1. 关于进口货物在国内的复制权费。

《WTO估价协定》第八条注释规定，对于在进口国国内复制进口货物的权利收取的费用，不应计入进口货物实付或应付的价格中。《估价技术委员会评论》(19.1)，又对第八条注释中“进口货物的复制权”这一表达的含意及其所涵盖的各种活动加以指导性说明。《评论》认为，“复制权”出现在“对第八条第一款（3）项的解释性说明”中，似乎不光指在物理上复制进口货物（例如，样品进口后，进口商制出了模具，以制造进口货物原件的精确复制品），而且包括复制与进口货物结合在一起的发明、创作、思想与观念。例如，进口用于电路板的最新电路的图解式图表（发明），博物馆进口用于复制小型版本以重复出售（创作），进口画有一卡通人物的幻灯片以复制做成贺卡（思想或创意）。

复制权还指科学成果的原型与拷贝（如进口一种细菌，该细菌能够被复制后用于生产某种疫苗）；文学作品的原版与复制品（如进口手稿，以复制成书）；模型（进口一新款汽车的微缩模型，以复制成相似、相同模型）；原型（如一种新型玩具的原型，将被复制成该新款玩具的精密复件）以及动物或植物种类（如一种基因转变昆虫，将其复制后以阻止原种类的繁衍）。

关于复制权，对以下因素的分析可能会有所启示：

（1）在进口货物上，创意与原件是否结合在一起；

（2）对创意与物品的复制是否是所设定权利的主题；

（3）复制权是否已通过销售合同或另一分立协议转让给了买方；

（4）保留权利的持有人是否已就转让复制权而收取了

报酬。

获得带有保留权利的货物，这本身往往并不意味着复制权的转移。在许多情况下，该项权利是通过签订特别协议获取的。

2. 关于与进口货物有关的技术培训及境外考察费。

“技术培训费用”，是指基于卖方或与卖方有关的第三方对买方派出的技术人员进行与进口货物有关的技术指导，进口货物的买方支付的培训师资及人员的教学、食宿、交通、医疗保险等其他费用。此两项费用实质上是对劳务价值的支付，即不属于特许权使用费的范畴。所以，在《估价办法》第十三条中规定，它如能和进口货物的实付或应付价格区分，又不被认为与被估货物有关，则不应计入该货物的完税价格。

3.8.6 法律责任问题

《估价办法》第十四条规定，涉及特许权使用费的货物进口时，收货人应全面如实地向海关申报并交验有关单证，如有伪、瞒报嫌疑，经查实违反海关规定或构成走私的，海关将依照有关规定追究法律责任。

下面是特许权使用费估价的几个案例。

案例

XX日用品（中国）有限公司专利权使用费案例

一、案情

XX日用品（中国）有限公司（以下简称中国XX公司）自2000年11月至2001年11月9日以一般贸易方式自营进口营养片（维生素C片、维生素B片、小麦油E胶囊等），经简单消费性分装后在国内销售，该司以其销售净额的3%预提专利权使用费1415.2万元，累计每半年向美国XX公司实际支付一次。此专利权使用费该司未向海关申报，涉税820万元人民币。

二、案例分析

稽查人员调查发现，该司进口的营养片本身不需经过深加工，只需要进行包装就可以上市销售。其供应商为美国A公司，是美国XX公司授权的营养片制造商，其前身为美国XX公司的一个制造部门。营养片所使用的商标“XX”是美国XX公司在中国的注册商标。

中国XX公司与美国XX公司之间的特许权使用协议明确规定：中国XX公司应向美国XX公司支付营养片销售净额3%作为专利权使用费，销售净额的2%作为商标使用费。

海关稽查人员对财务账册进行核查，以鉴定企业账册与其特许权使用协议是否一致，发现企业的确按照协议要求按月以销售净额的3%预提专利权使用费，但没有发现预提商标使用费的记录。随即海关稽查人员对企业提出疑问，企业解释，“XX”商标是美国XX公司向其他公司收购的，尚未洽谈妥当，经美国XX公司同意，目前中国XX公司还不须支付商标使用费，待以后洽谈好后再按合同支付。

海关审价办法规定，应记入完税价格的特许权的条件为：(1) 与进口货物有关；(2) 是进口货物销售的一项要件。当然其本身还未包含在成交价格中。

海关稽查人员向企业提出，根据上述规定，这些专利权使用费是由于销售含进口货物的成品而产生的，显然与进口货物有关；其次，这两者费用与进口货物不可分离，不存在只销售货物而可以不支付费用的情形，符合第二个条件，因此应记入完税价格。商标权使用费因企业未予计提和支付，暂不列入完税价格范围。经核算，2000年11月至2001年11月19日企业累计预提专利权使用费1415.2万元，尚未向海关申报，企业表示愿意补征税款。

案例

YY商标权使用费案

一、案情

2002年6月，YY电子(广州)有限公司(下文简称“广州YY”）向海关申报进口CASIO电子表套件一批，海关发现其申报价格与市场价格存在较大差异，海关关税核查人员遂对广州YY进行价格核查。

二、案例分析

核查人员通过对广州YY财务账册的核查发现：在应付款项科目中，广州YY对广州贸易公司H支付大量购货款项；在管理费用科目中，广州YY每半年向其母公司日本YY计算机公司（下文简称“日本YY”）支付商标使用费和技术转让费；广州YY还对其申报进口的电子表套件向香港某货运公司（下文简称“香港承运商”）支付有关进口货物在香港的包装费和香港到黄埔的运输费用。

根据财务账册中的线索，核查人员反复与有关单位进行磋商，进一步了解到：广州YY除以一般贸易进口电子表套件经过简单组装在国内销售外，还通过广州贸易有限公司H在

其他口岸以一般贸易方式进口CASIO电子表成品内销；广州YY与其母公司日本YY计算机公司签定有商标使用权协议和技术转让费协议，协议中规定，广州YY每半年按其所有产品国内净销售额的2%向日本YY支付商标使用费，按国内净销售额的1%向日本YY支付技术转让费。由于该公司进口的电子表套件只要经过简单加工即可销售，而且其商标使用费和技术转让费是以广州YY在国内销售的所有电子表的净销售额进行计算的。所以，根据《审价办法》第四条第三款规定，以上两项费用应计入完税价格。其向香港承运商支付的包装费和香港到黄埔的运输费用与申报进口货物有关且未包括在申报价格中，按《审价办法》第三条和第四条第一款（3）项规定，以上费用也应计入完税价格。

根据现行《中华人民共和国海关法》第五章第六十二条，对有关单位1999年9月至2002年8月以一般贸易方式进口的电子表及套件、SKD件补征税款，补征关税和增值税共计187.3万元。

案例

移动电话特许权使用费估价案例

一、基本情况

国内X公司委托韩国B公司签订产品开发协议。协议规定：B公司为X公司开发设计移动电话技术方案，并向其提供移动电话芯片以及相关软件，所开发的技术和知识产权由X公司和B公司共同享有，双方拥有各自所在国的专利权；X公司需向B公司支付技术转让费150万美元；X公司每销售一台安装有B公司提供芯片的移动电话，向B公司支付每台2美元的第三方（美国C公司）许可费。X公司、B公司和C公司之间相互独立，没有特殊关系。

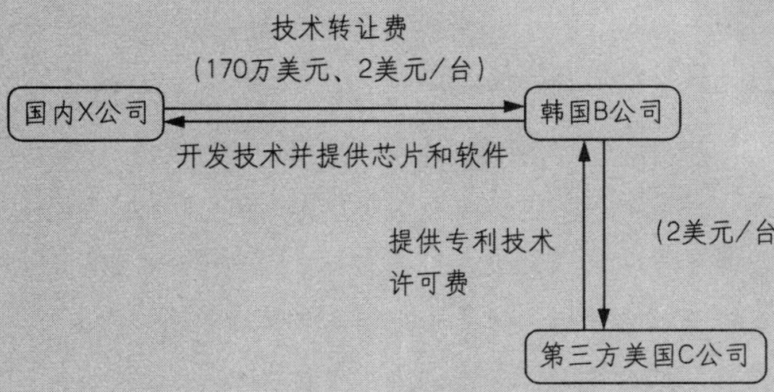

二、适用法规

1.《WTO估价协定》第八条。

2.《关税条例》第九条（五）：“作为该货物向中华人民共和国境内销售的条件，买方必须支付的、与该货物有关的特许权使用费。”

3.《特许权使用费估价办法》：

“第三条　同时符合以下条件的特许权使用费应当计入进口货物的完税价格：

（一）与进口货物有关；

（二）费用的支付作为卖方出口销售该货物到中华人民共和国关境内的条件。”

“第五条　特许权使用费是用于支付专利权或专有技术使用权，且进口货物属于下列情形之一的：

（一）含有专利或专有技术的货物；

（二）使用专利方法或专有技术生产的货物；

……”

“第九条　特许权使用费的支付构成进口货物的卖方向中华人民共和国关境内销售该货物的前提条件，即买方未支付上述费用则该货物不可能以合同议定的条件成交的，为符合本办法第三条第（二）项规定的条件。”

三、案例分析

1．与进口货物有关。根据协议韩，国B公司为X公司开发的移动电话技术和软件体现并封装在向X公司提供的芯片中，且芯片的生产使用了第三方美国C公司的专利技术，所以，根据《特许权使用费估价办法》第五条第（一）、（二）款规定，技术转让费和许可费都与进口的芯片相关。

2．特许权使用费作为货物出口销售到中国境内的条件。

在协议中，关于协议终止的条款规定，X公司支付款项延期超过两个月，B公司可以终止协议。

协议及其支付条款的附件中规定，B公司向X公司提供芯片直到协议终止。

因此可以认为，X公司不支付转让费和许可费，B公司就有权终止协议并停止向X公司提供芯片。所以，根据《特许权使用费估价办法》第九条的规定，X公司支付的转让费和许可费是芯片出口到中国境内的一个条件

四、结论

以上情况符合《关税条例》和《特许权使用费估价办法》第三条的规定，X公司向B公司支付的技术转让费和第三方许可费应计入进口芯片的完税价格。

案例

金霸王案

W（中国）有限公司为美国W公司和东莞市华信实业公司共同出资成立的合资公司。

合资公司按国内销售净额5%作为美国W公司和其关联公司向其提供技术（包括使用“W”商标与商号以及生产专利与技术的权利）的代价。

W（中国）有限公司为被许可使用专有技术而向美国W公司支付提成费，专有技术是指生产、包装和销售电池产品的专利、工序和数据。在技术许可协议中，美国W公司只对原料和制成品的品质及规格作了规定，在有关材料中未发现美国W公司有对进口原料价格和产品销售的限制性规定，所以，该许可费与从有关联的公司（W总公司）进口的原料无关。该提成费与实际进口的生产电池的原料无关，不构成进口货物销售的一个要件。

W（中国）有限公司为被许可在特定区域使用许可方（美国W公司）的商标于其生产和销售的电池产品上，向有关联的第三方（美国W公司）支付商标使用费。美国W公司只对制成品的品质及包装作了规定，也未发现美国W公司有对进口原料价格和产品销售的限制性规定，该费用与实际进口的生产电池的原料无关，不构成进口货物的一个使用要件。

根据WTO估价规则中有关特许权费和许可费的有关规定（第八条第一款C项），两项费用不应计入完税价格。

第1章 海关估价简介

第2章 海关估价业务概况

第3章 成交价格方法

第4章 其他估价方法

第5章 特殊货物的估价方法

第6章 走私计税

第7章 海关估价程序

第8章 纳税复议

附录

第4章

其他估价方法

当海关无法确定进出口货物的成交价格或者成交价格不存在时，按照《关税条例》和《审价办法》的规定，海关应按顺序依次采用相同货物成交价格法、类似货物成交价格法、倒扣法、计算法和合理方法来确定货物的完税价格。

当海关无法确定进出口货物的成交价格或者成交价格不存在时，按照《关税条例》和《审价办法》的规定，海关应按顺序依次采用相同货物成交价格法、类似货物成交价格法、倒扣法、计算法和合理方法来确定货物的完税价格。现在就逐一介绍这几种估价方法。

4.1 相同或类似货物成交价格方法

成交价格方法是海关估价首先使用的一种估价方法，但是由于种种原因，并不是所有的进口货物都能采用成交价格方法，比如说前面提到的不存在销售的进口货物以及不符合成交价格条件的进口货物，就不能采用成交价格方法，而应该按照顺序采用相同或类似进口货物的成交价格方法。这两种估价方法除了货物本身有区别以外，在其他方面的适用条件都是一样的，都应该共同具备5

个要素。

4.1.1 必须与进口货物相同或类似

所谓“相同货物”是指与进口货物在同一国家或地区生产的，在物理性质、质量和信誉等所有方面都相同的货物，但表面的微小差异允许存在。

例如，一辆红色的本田雅阁2.0轿车和一辆蓝色的本田雅阁2.0轿车都是由日本生产的，在物理性质、质量和信誉方面都完全相同，只是在颜色上有细微的差别，所以它们还是属于相同货物。

又如，由内装修商和批发经销商进口的墙纸：

（1）即使由内装修商和批发经销商按不同价格进口在其他所有方面都相同的墙纸，按《WTO估价协定》第二条的规定，仍然可视为相同货物。

（2）虽然价格上的不同可能表示质量和信誉上有所差别，但质量和声誉上的差别是用于考虑区分相同货物和类似货物的因素，它当然会影响相同货物的成立，而价格本身不是这种因素。在适用第二条时，当然就需要对商业水平和（或）数量进行调整。

上述评定表明，价格不同并不表明相同货物是否成立，关键在于其价格差异产生的具体原因。在本例中，价格差异是由于商业水平不同造成的，因此，不影响相同货物的成立。

再如，未经组装的花园杀虫剂喷射器和已经组装的设计相同的花园式杀虫剂喷射器。

（1）喷射器由两个未安装的部分组成：水泵、安装在盖上的喷嘴；盛装杀虫剂的容器。为了使用喷射器，需要将其拆开。容器装满杀虫剂，拧上盖子，喷射器才能投入使用。被用来比较的喷射器在所有方面都是相同的，包括物理

性质、质量和信誉。惟一不同的是未经组装和业已组装。

(2) 组装作业通常妨碍业已组装货物和未组装货物按相同或类似货物对待。但是，在这种情形下，如果货物的设计是在普通使用过程中组装、扩卸，那么组装作业的性质并不妨碍将其视为相同货物。

上述评定表明，简单的加工、安装工作不会影响相同货物的成立。但是，比较复杂的加工装配则会影响相同货物的成立，如整车进口的汽车与整套进口的汽车零件，是不能视为相同货物的，这一点应当引起大家的注意。

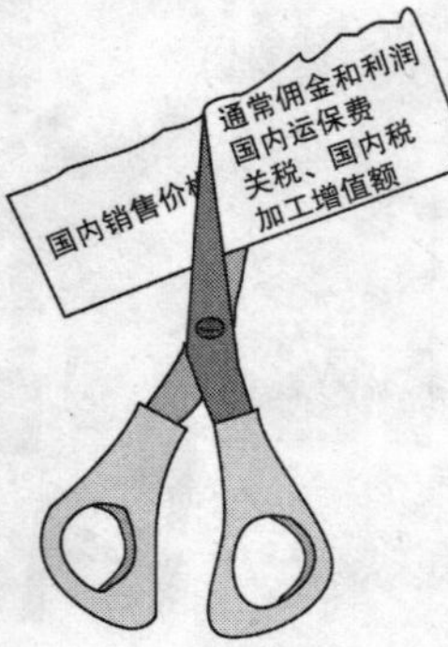

如果只在某一方面或几个方面相同，那么就不符合相同货物的要求。例如，毛布和棉布不能作为相同货物，因为彼此物理特性完全不同。又如，两种货物尽管在物理特征、质量等方面相同，但商标不同，也不能作为相同货物。再如，供第一选择购买的货物与供第二选择购买的货物，虽然规格型号一样，但也不能作为相同货物，因为两者的信誉不同。

“类似货物”是指与进口货物在同一国家或地区生产的，虽然不是在所有方面都相同，但却具有类似的特征、类似的组成材料、同样的功能，并且在商业中可以互换的货物。

例如，一辆奔驰轿车和一辆丰田轿车，虽然具有类似的

物理特征、由类似的零件和材料组成，具有相同的功能和用途，但众所周知，相同档次的欧洲汽车在价格上普遍比日本产的汽车高出一个水平，因而两者在商业上是不能互换的，所以，不能称其为类似货物。

又如，同样大小但品种不同的郁金香球茎，其形状、颜色大致相同，并在商业上可以互换，因而它们是类似货物。

再如，从两个不同的制造商处进口汽车轮胎：

（1）同一系列尺寸的橡胶轮胎从同一国家的两个不同制造商处进口。两个制造商使用不同的商标，而两者生产的轮胎达到同一标准和同一质量水平，享有同等信誉，并为进口国机动车辆商所使用。

（2）轮胎带有不同的商标，因此，它们不是在所有方面均相同的货物，根据《WTO估价协定》第十五条第二款第一项规定不应视为相同货物。

（3）轮胎虽然不是在所有方面均相同，但确实具有类似性质和类似组成材料，从而能起到同样的效用。由于货物的生产达到同一标准和工艺质量水平，享有同等信誉，并带有商标（即使是不同的商标），它们应视为类似货物。

4.1.2 必须在同一国家或地区生产

由于各国劳动生产率、材料成本、劳动力成本不同，所

以，如果在不同国家或地区生产，即使相同品牌、相同型号的货物，也不属于相同或类似货物。例如：相同品牌型号的收录机在日本制造和在马来西亚制造，它们之间劳动力成本的差异就很大，加上材料采购、劳动生产率等因素，它们之间的生产成本是存在客观差异的。

Made in Japan　　　Made in Malaysia
$100　　　$75

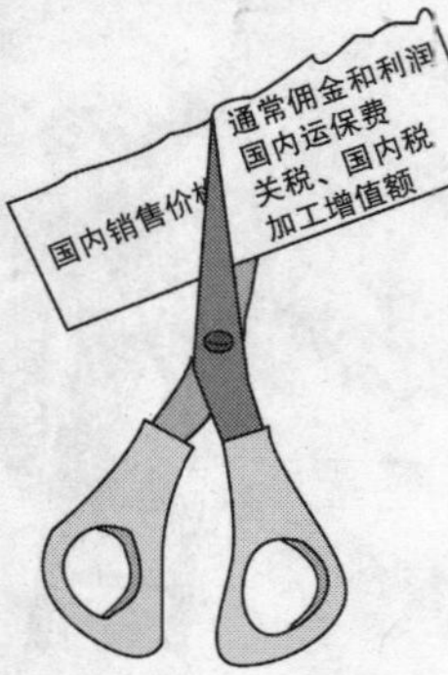

应当注意：

1. 同一国家指的是货物的生产国，并不是货物的出口国。

2. 属于同一关境内的两个不同的国家不能视为同一生产国。例如，欧盟国家内部统一了关税区，比利时和荷兰同属欧盟，拥有共同关境，但是比利时生产的货物与荷兰生产的货物，不能作为相同货物。

3. 有关货物由两个国家或更多的国家生产时，其原产地的确定，取决于各国的立法。一般情况下，可以通过进口货物的原产地证来确定。

4.1.3 必须与进口货物同时或大约同时出口

“同时或大约同时”是指在进口货物接受申报之日的前后各45天之内（《审价办法》附则）。这一时间范围主要取决于市场条件，对于价格比较稳定的商品，时间范围就可能比较长一点；对于价格变化比较频繁的商品，时间的范围就可能相对短一点。例如：原油价格近几年来波动就比较频繁，而工业装备的价格相对就比较稳定。

4.1.4 必须是相同商业水平和大致相同的数量

一般而言，商业水平是指“进口人在货物供给系统中所处的地位”，或者说是指“进口人在进口货物‘行销通路’中所处的地位”。“行销通路”是指：一组相互关联的单位，促使产品或劳务利用或消费的过程。这些单位包括生产商、批发商、零售商、消费者及厂商等。行销通路大体上可分为两类。

第一类，消费性产品行销通路：

生产商→消费者；

生产商→零售商→消费者；

生产商→批发商→零售商→消费者；

生产商→代理商→批发商→零售商→消费者。

第二类，工业性产品行销通路：

生产商→厂商；

生产商→工业产品经销商→厂商；

生产商→代理商→厂商。

在上述行销通路中，除了生产商、消费者及厂商外都属于中间商。一般而言，中间商大致可分为批发商和零售商两类。前者系指购买货物并把货物转售给企业组织或供自己从事企业使用的单位；后者则是指销售货物给予最终消费者，进行非企业用途的单位。从功能上划分，中间商有属于全能中间商的，如货物批发商、销售办事处或分支机构、代理商、经纪人及佣金商；也有属于有限功能的，如邮购批发商、卡车批发商等。另外，按货物种类复杂程度划分则有：百货商店、专业商店，多样性商店等。按经营方式区分：完全服务零售商、超级市场、折扣商店及非商店经营方式的直销、自动货柜机及门对门销售等。

通过以上对中间商的说明可以看出，由于行销通路不同，进口货物的价格也就有可能不同。从事营销的各种中间商，由于他们所处的地位及功能不同，也有可能对货物价格的高低产生影响。上述情况，均属于商业水平影响价格的范畴。

数量水平影响价格较容易理解，在其他交易条件一致的情况下，买1个杯子和买100个杯子的价格一般会存在差别。数量大致相同并不是要求数量完全相同，只要数量水平的差异不影响价格就可以。例如：有一批进口聚丙烯胶粒，数量为1700吨，其成交价格未能确定。与此同时，存在一个相同/类似货物的价格，如数量为1700吨，则完全相同；如进口量为2000吨，海关了解到，该批聚丙烯胶粒的价格是如下确定的：购买1000吨以下，价格为1400美元/吨；购买1000吨及以上，价格为1300美元/吨。这一条件适用于任何购买者。在这种情况下，虽然相同/类似与被估货物数量有差异，但这种差异不影响价格，即数量实质上相同，因此，1300美元/吨可以作为被估货物完税价格的基础。

在使用相同或类似货物成交价格估价时，相同或类似货物成交价格的商业环节应该与进口货物的商业环节一致，如果没有相同商业水平和大致相同的数量，可以采用以不同商业水平和不同数量销售的相同或类似进口货物，但必须对因商业水平和数量、运输距离和方式的不同所产生的价格方面的差异作出调整。这种调整是建立在客观量化的数据资料的基础上的，即调整需要客观量化的数据支持。因此，不能直接用相同类似货物的零售价格来估定批发货物的完税价格。

1. 不同商业水平、不同数量——不作调整。

在商业水平或数量上出现差别，但由于出口商在销售货物时对上述差别没有给予考虑，而且不具备任何商业相关性的情况下，必须有一个客观确定的标准，否则难以进行调整。

案例

供应商	数量	单位价格	进口商	商业水平
甲	2000件	5美元（CIF）	乙	批发商

当进口商乙的申报价格（5美元）不符合成交价格条件，或者成交价格不能确定时，海关应顺序采用规定的估价

案例

方法进行估价，首先采用的是相同货物成交价格法。

现在存在下面相同货物的成交价格：

卖方	数量	单位价格	进口商	商业水平
丙	1700件	6美元（CIF）	丁	批发商

海关确认进口商丁以6美元的价格向买进其至少1000件货物的所有购买商销售货物，而未因其所购买的数量的变化而改变价格。在这种情况下，虽然存在数量差别，但是这种差别并没有影响价格，因为相同货物的出口商在所进行的两笔销售的数量幅度内并没有改变价格，因此，不需要作数量调整。6美元的成交价格可以作为确定进口商乙进口2000件相同货物的完税价格。

案例

在上一个案例的情况下，海关掌握的成交价格改变，现在存在下面相同货物的成交价格：

卖方	数量	单位价格	进口商	商业水平
丙	1200件	6美元（CIF）	丁	零售商

出口商丙没有因购买水平而改变他的价格，但他将按每件6美元的价格向购买至少1000件以上的人销售，在该范例中，虽然在商业水平上存在差别，但并没有因此而产生价格上的差别，因为相同货物的卖方在向购买商销售货物时没有考虑商业水平。另外，因为两笔交易在数量上是可比的，在数量上都超过了1000件，所以不需调整。6美元的成交价格可以作为确定进口商乙进口2000件相同货物的完税价格。

2. 不同商业水平或不同数量——应作调整。

由于商业水平或数量而引起价格上的差别时，为了得到与被估货物在相同的水平和大致相同数量上一致的价格，必须作出某种调整。在进行调整时，相同或类似货物卖方在交易中的习惯做法是起支配作用的因素。

对数量上的差别需要进行调整时，调整的数额应该是便于确定的。然而对商业水平而言，所采用的标准可不必那样明细。海关将要审查相同或类似货物卖方实际交易情况。一旦卖方的实际情况清楚，那么，对被估货物的进口商的活动的检查结果，应成为确定相同或类似货物的卖方给予进口商有关何种商业水平的依据。为了了解实际成交情况和贸易状况，海关需要与有关各方进行磋商。

案例

供应商	数量	单位价格	进口商	商业水平
甲	1700件	4美元（CIF）	乙	批发商

存在下列相同货物的成交价格：

供应商	数量	单位价格	进口商	商业水平
丙	2300件	4.75美元（CIF）	丁	批发商

海关已认定供应商甲实际上按价格表中的价格销售，而且根据购买商购买的不同数量，实行价格变动，即购买2000件以下的价格为5美元，而购买2000件以上者价格为4.75美元。

购买数量上的差别是与商业有关的因素，它影响货物的销售价格，对这种由数量而产生的差别必须调整。在这种情况下，对数量调整额应是0.25美元，即5美元的成交价格可以作为确定进口商乙进口2000件相同货物的完税价格。

上面指出，调整应以能清楚地确认其合理性和准确性的证据为基础。例如，如果被估价进口货物由10件的单一货物组成，而惟一存在的成交价格的相同进口货物包含500件的销售，并且已知卖方给予数量折扣，则可通过采用卖方的价格清单并使用适用于10件的销售的价格完成要求作出的调整。这一点并不要求销售必须是按10件进行的，只要该价格清单是按其他数量销售的真实情况制定的即可。但是，如无这种客观标准，则根据此价格作为相同货物的成交价格来确定被估货物的完税价格是不适当的。

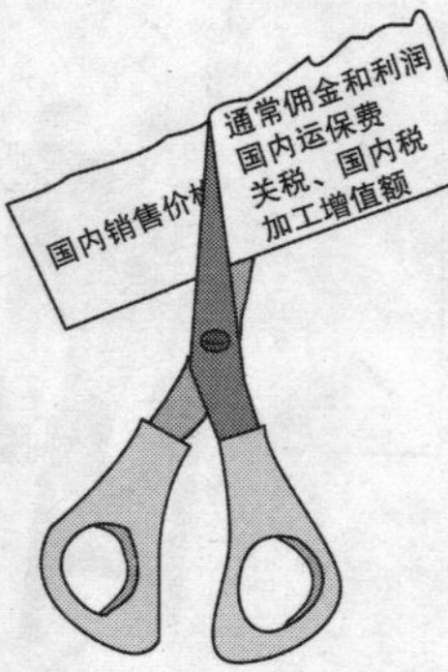

4.1.5 当存在两个或更多的价格时，选择最低的价格

在估价实践中，如果同时存在几种货物或类似货物的情况，对可比货物的选择应采用如下次序：

第一是同一制造商生产的相同货物；

第二是不同制造商生产的相同货物；

第三是同一制造商生产的类似货物；

第四是不同制造商生产的类似货物。

当在同一次序中有多个相同或类似货物的成交价格符合海关估价要求，可作为估价依据选择时，海关应当选择其中最低的一个对进口货物进行估价。这是《WTO估价协定》规定的原则，主要是为了防止海关故意使用较高的价格进行估价，以保护纳税义务人的利益。

可否用海关价格风险参数和价格信息对进口货物进行估价？价格风险参数是海关进行风险管理的一种手段，并非相同或类似货物的成交价格，可以说它只是一种测试价格。测试价格只用于与纳税人申报的价格进行比较，而并不是估价依据，不能用测试价格来确定进口货物的完税价格，也不能采用价格信息进行估价。

如果进口货物的收货人提出要求，并提供相关资料，经海关同意，可以选择倒扣价格方法和计算价格方法的适用次序。

4.2 倒扣方法

倒扣方法是以进口货物、相同或类似进口货物在被估货物进口时或大约同时，按进口时的状态在境内第一级销售环节，以最大总量单位售予境内无特殊关系方的单价估定完税价格。

4.2.1 适用倒扣方法的必要条件

1. 时间要素。

即必须是在被估货物进口时或大约同时转售给国内无特殊关系方的价格。根据《中化人民共和国海关审定进出口货物完税价格办法》（以下简称《审价办法》）的规定，“进口时或大约同时”是指在进口货物接受申报之日的前后各45天之内（《审价办法》附则）。

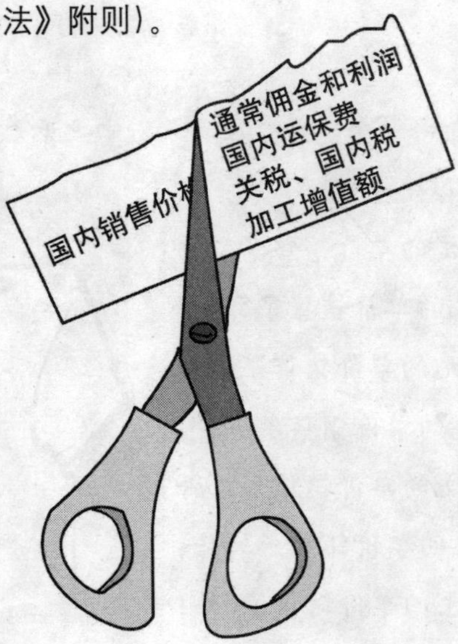

如果找不到同时或大约同时的价格，可以采用被估货物进口后90天内的价格作为倒扣价格的基础（《审价办法》第九条）。

2．第一级销售环节。

“第一级销售环节”是指货物进口后进行的第一次转售。例如：委托外贸公司进口货物的，收货单位在缴纳税款办结海关手续后，以自己的名义在国内向无关第三方销售进口货物的就是第一级销售环节。如果收货单位与受委托办理进口手续的外贸公司约定，在进口货物办结海关手续后，受托外贸公司以货款加税款和代理费为总金额向实际收货人或实际收货人指定的第三方开具增值税发票的，就不属于第一级销售环节，增值税发票上面的价格也不是国内销售的价格。

3．最大销售总量的单价。

倒扣方法的第二个要素是最大销售总量的单价，即使用倒扣价格的基础必须是被估的进口货物、相同或类似进口货物以最大销售总量售予境内无特殊关系方的单价。

案例

国内某一进口商，在货物进口之后按不同的价格分7批销售了200件衬衫，其中：

按100元的单价销售了40件；

按90元的单价销售了30件；

按100元的单价销售了15件；

按95元的单价销售了50件；

按105元的单价销售了25件；

按90元的单价销售了35件；

按100元的单价销售了5件；

这里的最大总量单位的单价，不是指这7批销售中间最大的一批销售的单价，而是指把以同一价格销售的所有衬衫数量相加，找出其中数量最大的一种的单价，也就是说：

按90元的单价总共销售了两批衬衫，两批的总量是65件；

按95元的单价总共销售了一批衬衫，总量是50件；

按100元的单价总共销售了三批衬衫，三批的总量是60件；

按105元的单价总共销售了一批衬衫，总量是25件。

这里，65件总量单位是最大销售总量，所以，进口衬衫最大销售总量的单价是90元。应该以90元为基础进行倒扣必要的费用从而确定进口衬衫的完税价格。

4．按进口时的状态转售。

倒扣方法的第三个要素是必须以进口货物、相同或类似进口货物按进口时的状态转售的价格为基础，如果没有按进口时的状态转售的价格，可以使用经过加工后在境内转售的价格作为倒扣的基础，但是必须扣除加工后的增值部分。

当进一步加工使进口货物失去其原来特征时，一般不再适用倒扣方法。但是，对于经加工的进口货物虽然失去了原有特征，但对加工增值部分能通过客观量化的数据准确确定的，纳税人仍然有选择使用倒扣方法的权利。

例如：进口的货物是衬衫成衣，如果进口商直接把这些衬衫在国内出售了，这时国内的销售价格可以作为倒扣价格的基础；如果货物进口后进口商在衬衫成衣上绣上图案才转售的，那么这些印花衬衫成衣与衬衫成衣进口时的状态是不同的，印花衬衫的国内销售价格应该扣除印花这部分增值的

价值后才能作为倒扣的基础。如果进口的衬衫成衣中，只有很少部分加工成印花衬衫转售，那么使用印花衬衫的转售价格作为倒扣的基础就不合理了。

4.2.2 需扣除的费用

前面提到的都是倒扣价格的基础，使用倒扣方法除了确定转售价格以外，还必须扣除一些与进口价格无关的费用，这些费用主要有以下4项（《审价办法》第九条）：

1．该货物的同级或同类货物在境内销售时通常支付的佣金或利润和一般费用。

“同级或同类货物”是与进口货物属同一类别或同一档次的货物，由同一生产行业或同一生产行业中同一专门生产部门生产制造或经营的一组或一系列货物。同级或同类货物的范围要比相同或类似货物的范围要大，也没有原产地和同一生产商的限制。

“通常支付的佣金或利润和一般费用”中的“利润和一般费用”是指经销商直接在国内市场上出售进口货物，从中获取的利润以及必然要花费的一定费用。利润和一般费用应当被视为一个整体。一般费用应包括销售货物的直接和间接费用，如仓储费、运输费、管理费、差旅费、广告及推广费、赞助费等。“佣金”是指代理商委托人在国内市场推销进口货物而得到的报酬。

应当特别注意的是，在某项具体交易中发生的佣金或利润及一般费用，与在国内销售同等级或同种类货物时，作为贸易管理通常情况下发生的佣金或利润及一般费用的金额有明显的差别。这里所指的“通常支付的佣金或利润和一般费用”是作为贸易惯例通常的佣金或利润及一般费用，而不是某项具体交易中的金额。

2. 货物运抵境内输入地点之后的运保费、装卸费及其他相关费用。

3. 进口关税、与进口或销售该货物有关的国内税。对已经包括在转售价格中的进口关税和国内税不应计入进口货物的完税价格，必须从中扣除。国内税主要包括：增值税、消费税、营业税等。

4. 加工增值额。主要是指如果使用经过加工后在境内转售的价格作为倒扣的基础，必须扣除这部分价值。

为了帮助理解倒扣方法，现举一例加以说明：

案例

有10,000只汽车轮轴承进口，进口日期为3月15日。货物进口属于寄售，因此没有成交价格，也没有相同货物或相似货物在同时或大约同时进口，因此进口人要求延期确定海关估价，以便提供使用倒扣估价方法所需的情况。

后来，进口人提供了以下情况：

3月15日，进口数量10,000只；

3月30日销售2500只，单价100美元；

4月10日销售1600只，单价110美元；

4月12日销售1000只，单价110美元；

5月10日销售1200只，单价120美元；

5月25日销售1200只，单价91美元；

6月10日销售1500只，单价110美元；

6月23日销售1000只，单价100美元；

尚有500只未售出。

进口商说明，所有货物除5月25日那一批是销售给他的一个子公司外，其余都是销售给与其没有特殊关系的汽车批发商。货物进口时，所有运费和保险费由进口商支付，进口商在转售前检验了轴承，在后来的转售价格中，扣除10%佣金、国内运费、轴承检验费。

现在我们已经确定，该项贸易中通常支付的佣金为10%，关税税率为20%，国内运费为5美元/只。

计算倒扣价格的第一步是确定最大销售总量的单价。根据以上情况，5月25日的销售不能作为考虑依据，因为它是有特殊关系双方之间的成交，6月23日的销售也不能采用，因为它已超过了《审价办法》第五条规定的90天期限。这样，最大销售总量的单价应是4月10日、4月12日和6月10日的那三批的单价，即110美元，据此，倒扣价格计算如下：

销售价格	110美元
扣减去：	
佣金10%	11美元
国内运费	5美元
关税20%	15.67美元
倒扣价格为	78.33美元

注意：由于进口商的佣金符合通常支付的比例，因此可以采用；10美元的检验费和其他处理费一般情况下不属扣减范围，因为它已在佣金或利润及一般费用项下扣减，而不是单项扣减；这里扣减的关税是实际征收额而不是进口商的估计数。

4.3 计算方法

当无法适用进口货物成交价格、相同货物成交价格、类似货物的成交价格和倒扣价格时，便可适用计算价格。但是，经进口商请求，这种方法与第四种方法的顺序可以颠倒使用。计算方法是以生产被估价的进口货物所使用的料件成本和加工费用、向国内销售同等级或者同种类货物通常的利润和一般费用，以及该进口货物运抵我国境内输入地点起卸前的运输及其相关费用、保险费的总和计算的价格为基础确定进口货物完税价格的方法。

因为计算方法所需要的数据和材料只有进口货物的制造商才能取得，所以，只有在进口货物的制造商愿意提供有关资料和便利的前提下才能使用计算方法估价。

计算价格由以下3部分组成：

1. 生产该货物所使用的原材料价值和进行装配或其他加

工的费用。

计算价格的基础不是货物的成交价格或者转售价格，也不是相同、类似货物或同级或同类货物的成本或价值，而是制造商生产或制造被估价货物所实际发生的成本或价值。

“料件成本”是指如木料、钢材等基本物料成本，以及搬运、组件成本等；“加工费用”是指如人工成本、装配费用及有关间接成本。

“料件成本和加工费用”应当根据制造商或代表制造商提供的有关生产被估价货物的资料加以确定；或以制造商的账目为依据，但这些账目的确认必须符合生产该货物国家所使用的一般公认的会计原则。

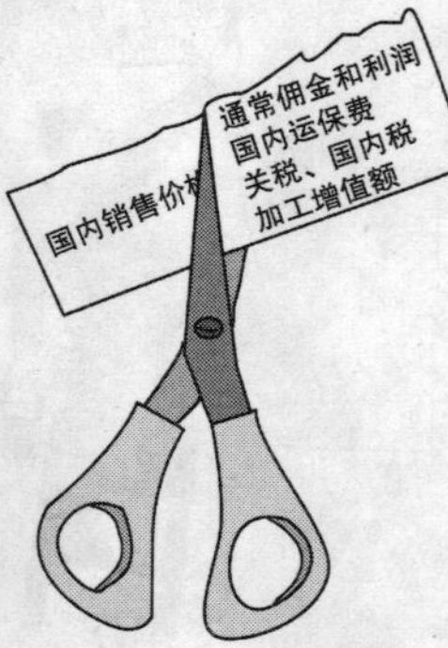

2. 与向我国境内出口销售同级或同类货物相符的利润和一般费用。

利润和一般费用是指发生在制造商的销售水平上的，是制造商销售货物时所发生的利润和一般费用。在确定这些价格因素时，应该把利润及一般费用视为一个整体。

通常，利润和一般费用的总额是指“相当于在由出口国制造商制造并向进口国出口的与被估价货物同级别或同种类货物销售中通常反映出来的利润和一般费用的总额”。在计算该费用时，应以进口货物制造商提供的可靠资料为依据，以符合生产国所公认的会计原则的方法所编制的商业会计账册为基础，同级别同种类货物仅限于来自被估价货物生产国的货物。

3. 货物运抵中华人民共和国境内输入地点起卸前的运输及其相关费用、保险费。

我国将截至输入地起卸前的运费、保险费及其他相关费用计入完税价格，费用计入应以客观可量化的资料为基础，即以实际发生的运费单、保险单上的费用为基础。如果以上费用无法确定或者实际未发生的，海关将按照该货物进口同期运输行业公布的运费率（额）并以“货价加运费”两者总额的3‰计算保险费。

计算方法和前四种方法有很大的区别，它既不是以成交价格，也不是以在境内的转售价格作为基础，它是以发生在生产国的生产成本作为基础的价格。也就是说，使用这种方法必须依据境外的生产商提供的成本方面的资料，所以，这种方法在使用起来还是有非常大的局限性，从国外的情况来看，这种方法也是使用率最低的一种方法。

4.4 合理方法

所谓合理的估价方法，实际上不是一个具体估价方法，而是规定了使用方法的范围和原则，也就是说运用合理方法，必须符合公平、统一、客观的估价原则，必须以境内可以获得的数据资料为基础。合理方法应当是依次使用《审价办法》第九条至第十二条中规定的各种估价方法，但采用这些方法时应有合理的灵活性。

案例

国内某一公司从比利时进口了一批货物，但这批货物经过海关审查不适用成交价格方法需要另行估价。前面讲到的使用相同或类似货物成交价格方法，其中一个要求就是相同或类似货物必须和进口货物是同一个国家生产，假定也找不到原产于比利时的相同或类似进口货物，而且也无法使用倒扣方法和计算方法，那么按照合理方法就可以使用比利时以外的其他国家比如说荷兰和卢森堡生产的相同或类似进口货物作为估价的基础。

再比如说，在使用倒扣方法的时候有一个时间要素，即必须是在被估货物进口时或大约同时转售给国内无特殊关系方的价格，如果找不到同时或大约同时的价格，可以采用被估货物进口后90天内的价格作为倒扣价格的基础。那么按照合理方法，被估货物进口后90天内的限制就可以突破。

如果在灵活使用相同或类似货物成交价格法、倒扣方法、计算方法后仍然不能确定完税价格时，可以使用以上估价方法以外的其他估价方法，只要不违背公平、统一、客观

的海关估价原则。实际上，在本书第5章确定特殊进口货物完税价格中规定的很多估价方法就是采用这个原则。

应当注意的是，在使用合理方法估价时，禁止使用以下6种价格：

第一种是境内生产的货物在境内销售价格，也就是国内生产的商品在国内的价格。

第二种是在备选价格中选择高的价格，也就是从高估价的方法。

第三种是依据货物在出口地市场的销售价格，也就是出口国国内的市场价格，在反倾销工作经常要用到这个价格，把它作为正常价值和出口价格作比较，来计算倾销幅度，但根据《估价协定》的要求，估价手段是不能用于反倾销的。

第四种是依据上文第三节中规定之外的生产成本价格，也就是说在使用计算价格方法时，只能按第三节中列名的3个项目（1. 生产该货物所使用的原材料价值和进行装配或其他加工的费用；2. 与向我国境内出口销售同级或同类货物相符的利润和一般费用；3. 运输及其相关费用、保险费。）的总和来计算，不能按照这三项之外的费用或成本来计算。

第五种是依据出口到第三国或地区货物的销售价格，也就是说第三国价格，这种价格实际上也是在反倾销工作中计算倾销产品正常价值的一种方式。

第六种是依据最低限价或武断、虚构的价格，例如我们的参考价格，绝大部分不是真正意义上的相同或类似货物的成交价格，而是一种根据国际市场的行情价格综合平衡的一种价格，属于正常价值范畴。

这6种价格与《WTO估价协定》、《关税条例》和《审价办法》的基本原则都是相违背的，所以，也是实际估价工作中所禁止使用的。

第5章 特殊货物的估价方法

加工贸易进口货物、出料加工进口货物、出境修理的进口货物、租赁进口货物、暂时进境的进口货物、留展和特定减免税货物等的贸易方式和交易形式比较特殊。有的没有成交价格，如租赁进口货物；有的不符合成交价格条件，如以易货贸易方式进口的货物；有的存在成交价格，如进料加工进口料件。所以，海关对此专门作出规定。

第5章

特殊货物的估价方法

加工贸易进口货物、出料加工进口货物、出境修理的进口货物、租赁进口货物、暂时进境的进口货物、留展和特定减免税货物等的贸易方式和交易形式比较特殊。有的没有成交价格，如租赁进口货物，有的不符合成交价格条件，如以易货贸易方式进口的货物；有的存在成交价格，如进料加工进口料件。所以海关对此专门作出规定。

5.1 加工贸易进口料件和制成品

严格来讲，加工贸易不存在海关估价的问题。因为海关估价的主要目的是为征税服务，而国家鼓励开展加工贸易的目的是为了扩大出口，除了对于某些进料加工进口料件在进口时需要按比例征税的以外，对于其他绝大部分加工贸易进口货物在原进口时都是暂不征税的，而且加工成的制成品也是应该在规定期限内出口的，所以，一般情况下加工贸易不存在海关估价问题。但是，因为种种原因，有些加工贸易进口料件和制成品确实不能出口，需要转为内销，这就改变了这些货物的保税性质，所以，就产生了海关估价问题。

1. 进口时需征税的进料加工进口料件，以该料件申报进口时的价格估定。这里讲的进口时需征税的进料加工进口料件，主要是指需要按比例征税的进料加工进口料件。对于进料加工进口料件，一般来讲，料件在进口环节都有成交价格，所以，在这里规定了以该料件申报进口时的价格估定。

2. 内销的进料加工进口料件或其制成品，以料件原进口时的价格估定。这里应该注意，制成品因故转为内销时是以制成品所含料件原进口时的价格估定，这里的制成品还包括残次品和副产品。

3. 内销的来料加工进口料件或其制成品，以申报内销时的价格估定。这里主要讲的是来料加工，来料加工在料件原进口时是没有成交价格的，所以，规定以进口料件申报内销时的价格估定。

5.2 出口加工区和保税区加工贸易进口料件和制成品

保税区是指经国务院批准，在中国境内设立的具有保税加工、储运、转口功能的受海关监管的特定区域。出口加工区是由国务院批准，在中国境内设立的由海关对加工贸易进出口货物进行封闭式监管的特定区域。根据《保税区海关监管办法》和《海关对出口加工区监管暂行办法》的规定，保税区和出口加工区都是海关特殊的监管区域，对于从保税区进入非保税区、从出口加工区运往区外的货物视同进口，由

海关按照国家有关规定办理通关手续。所以，出口加工区内的加工企业内销的制成品，以制成品申报内销时的价格估定。保税区内的加工企业内销的料件及其制成品，分别以料件或制成品申报内销时的价格估定，如内销的制成品中含有从境内采购的料件，则以所含从境外运入的料件原进口时的价格估定。也就是说，对于保税区、出口加工区内销的料件或制成品都是以内销价格为基础估定完税价格。但有一个例外，对于保税区内的加工企业，如果内销的制成品中含有的料件有部分是从境内采购的，就以制成品所含从境外运入的料件原进口时的价格估定。对于出口加工区没有这个例外，因为设立出口加工区的目的是为了鼓励扩大外贸出口，原则上是不允许制成品内销的，如果内销，不论制成品里含不含从境内采购的料件，都按制成品全额征税。

1. 加工贸易加工过程中产生的边角料、废料及废品，以申报内销时的价格估定；从保税区进入非保税区、从出口加工区运往区外的非加工贸易货物，海关按内销时的价格作为完税价格。进口货物在保税区、出口加工区内发生的仓储、运输等费用不计入完税价格。

2. 出料加工进口货物。出料加工属于广义上的加工贸易范畴，按照传统的定义是指“我境内企业将原辅料、零部件、元器件或半成品出口交由境外厂商按我方的要求进行加工或装配，成品复运进口，我方支付工缴费的贸易方式”。但实践中，原料、零部件、元器件并不完全都是由境内的委托方提供，有些是境外的加工方从当地或者从第三国采购，所以，境内的委托方在这种情况下支付的不仅仅是工缴费，还包括料件费。所以，以海关审定的该出境货物为在境外加工而支付的费用加上运保费估定完税价格。

3. 出境修理货物。海关以审定的境外修理费、料件费加上该货物运抵境内输入地点起卸前的运输及相关费用、保险费估定完税价格。

4. 租赁进口货物。租赁一般来讲可以分为经营性租赁和融资性租赁，传统的租赁一般都采用经营性租赁方式，也就是出租人转移租赁物使用权，承租人支付租金，租赁期满承租人返还租赁物；而融资性租赁是近年来发展起来的一种新型的租赁方式。 按照我国《合同法》的规定，融资性租赁是指出租人根据承租人对租赁物的特定要求，出资向供货人购买租赁物，并租给承租人使用，承租人按照约定支付租金，租赁期满，按照约定的办法取得租赁物的所有权。所以，经营性租赁和融资性租赁主要有两个区别，第一，从主体上来看，经营性租赁主体比较简单，就是出租人和承租人；而融资性租赁一般是由三方参与的，也就是出租人、承租人和供货人，这里的出租人大多是银行或一些大的财团。第二，经营性租赁，租赁期满后承租人必须返还租赁物，而融资性租赁，租赁期满后承租人有是否留购租赁物的选择权。但无论融资性租赁还是经营性租赁，对外都要支付租金，海关以审定的租金作为完税价格。有些情况下，尤其是对于融资性租赁进口货物，因为租期比较长，如飞机的租赁最长可以到20年，对外支付的租金一般是含利息的，租金的总额肯定会超过货价本身，所以作为企业来讲，如果自有资金比较雄厚，它一次性缴纳的税款肯定会比按租金分期缴纳税款要少。对于这种情况，如果承租人申请一次性缴纳税款的，经过海关同意，可以按成交价格估价。留购的租赁货物以海关审定的留购价格作为完税价格。

5. 暂时进口货物。暂时进口货物通常包括施工机械、工程车辆以及供安装用的仪器等，它是属于海关监管的货物，在规定期限内（通常是6个月）应该复运出境，如果到期不

能复运出境，应该向海关办理进口手续并且照章纳税。

6. 留购的进口货样、展览品和广告品。以海关审定的留购价格作为完税价格。

7. 特定减免税货物。对于特定减免税货物，根据有关规定，在管理年限内是不能擅自出售的，如果有特殊情况，经过海关批准可以转让，但必须向海关补税。按照原进口时的价格，扣除折旧部分价值作为完税价格。

8. 出口货物。出口货物绝大部分都不涉税，需计税的，以离岸价格作为完税价格的基础。对于出口应税货物，在交易价格中间包括的出口关税税额，应该从交易价格中予以扣除。因为按照《2000年的国际贸易术语解释通则》，对于出口货物除了工厂交货以外，其他的价格条件都是由卖方也就是出口商办理海关纳税手续，所以在这种情况下，应该认定出口货物的价格中间已经包含了出口关税税额，如果不扣除，无形当中就构成了重复征税。

第1章 海关估价简介

第2章 海关估价业务概况

第3章 成交价格方法

第4章 其他估价方法

第5章 特殊货物的估价方法

第6章 走私计税

第7章 海关估价程序

第8章 纳税复议

附　录

根据我国《刑法》第一百五十三条的规定，走私货物、物品偷逃应缴税额达到5万元就构成走私罪，需要对当事人追究刑事责任。而且，根据偷逃税额的大小，《刑法》规定的刑罚也不相同，最高可处死刑。

第6章

走私计税

根据我国《刑法》第一百五十三条的规定，走私货物、物品偷逃应缴税额达到5万元就构成走私罪，需要对当事人追究刑事责任。而且，根据偷逃税款金额的大小，《刑法》规定的刑罚也不相同，最高可处死刑。因此，走私案件的偷逃税额的计核关系到侦查、检查机关办案和法院定罪量刑。

6.1 涉嫌走私货物、物品偷逃的税款由哪个部门进行计核？

2000年9月，最高人民法院的司法解释明确了海关是计核走私货物、物品偷逃税款的法定部门。目前，各直属海关的关税处或审单中心是计核工作的主管部门。直属海关也可以授权部分隶属海关开展计核工作。

6.2 哪些涉嫌走私货物需要计核偷逃税款？

除了走私毒品、武器、弹药、核材料、伪造的货币、国家禁止出口的文物，国家禁止进出口的珍贵动物及其制品、珍稀植物及其制品、淫秽物品，国家禁止进境的固体废物和危险性废物等不以偷逃税额作为定罪量刑及认定走私行为、作出行政处罚标准的货物、物品，不需要计核外，其他涉嫌走私的货物、物品都需要计核偷逃税款。

也可以简单地说，涉嫌走私一般进出口货物或者进出境物品的，都需要计核偷逃税款。

6.3 在计核偷逃税款中，海关如何确定计税价格？

由于走私案件手法各异，涉嫌走私货物、物品有的是通过逃避海关监管非法入境的，有的是通过伪报瞒报、申报虚假的数据和单证进境的，有的私自改变货物的用途，等等，这些货物与一般情况下通过正常途径进口的货物有很大的不同，真实的成交价格、进境时间、实际状态等都不确切，因此，偷逃税款计核中估价的方法与《关税条例》中规定的一般进口货物估价有些区别。

1. 涉嫌走私的货物能够确定成交价格的，其计税价格应当以该货物的成交价格为基础审核确定。

2. 涉嫌走私的货物成交价格经审核不能确定的，其计税价格应当依次以下列价格为基础确定：

（1）海关所掌握的相同进口货物的正常成交价格；

（2）海关所掌握的类似进口货物的正常成交价格；

（3）海关所掌握的相同或者类似进口货物在国际市场

上的正常成交价格；

（4）国内有资质的价格鉴证机构评估的涉嫌走私货物的国内市场批发价格减去进口关税和其他进口环节税以及进口后的利润和费用后的价格，其中进口后的各项费用和利润综合计算为计税价格的20%，其计算公式为：

$$\text{计税价格}=\frac{\text{国内市场批发价格}}{1+\dfrac{\text{进口关税率}+\text{消费税率}+\text{增值税率}+\text{进口关税率}\times\text{增值税率}}{1-\text{消费税率}}+20\%}；$$

（5）涉嫌走私的货物或者相同、类似货物在国内依法拍卖的价格减去拍卖费用后的价格；

（6）按其他合理方法确定的价格。

以上方法也适用于涉嫌通过携带、托运和邮递方式走私的货物、物品。

涉嫌走私一般进出口货物或进出境物品的，都需要计核偷逃税款。

6.4 涉嫌走私旧货应如何确定计税价格？

对于已陈旧但尚有使用价值的涉嫌走私的货物，如不能以货物成交价格核定其计税价格且海关难以认定其新旧程度，应当根据国家质量监督检验检疫机构出具的新旧程度的鉴定结论报告，按照上文第二条的规定核定其计税价格。

6.5 涉嫌走私金银等贵金属及其制品、珠宝或收藏品的，应如何确定计税价格？

涉嫌走私进口的黄金、白银和其他贵重金属及其制品，珠宝制品以及其他有价值的收藏品，应当按国家定价或者国家有关鉴定部门确定的价值核定其计税价格。

6.6 涉嫌走私非淫秽音像制品的，应如何确定计税价格？

对于无法确定成交价格的涉嫌走私的非淫秽音像制品，应当以固定的价格作为计税价格。具体价格由海关总署另行确定。

6.7 涉嫌走私国产品牌货物的，应如何确定计税价格？

涉嫌走私的国产品牌货物，应当以相同或者类似货物正常的出口价格核定其计税价格；出口价格不能确定的，其计税价格应当以相同或者类似货物在国内的正常的出厂价格（不含增值税）为基础核定。

6.8 对于擅自内销保税货物涉嫌走私的，应如何确定计税价格？

擅自内销保税货物涉嫌走私的，能够确定原申报进口货物成交价格的，其计税价格应当以原申报进口货物的成交价格为基础核定；原申报进口货物的成交价格不能确定的，应依次采用相同或类似货物的正常成交价格、倒扣价格、拍卖价格和其他合理方法核定的原申报进口货物的价格作为计税价格。

6.9 对于擅自内销特定减免税货物涉嫌走私的，应如何确定计税价格？

海关对特定减免税货物规定有监管年限，在监管年限内，货物不得擅自转让，特殊情况下需要转让必须经过海关批准，并且要扣除进口时间的折旧补税。对于擅自内销特定减免税货物涉嫌走私的，其计税价格应当以该货物原进口时的成交价格为基础核定，计算公式为：

$$计税价格=原进口时的海关完税价格\times\left(1-\frac{擅自内销时已进口时间(月)}{监管年限\times 12}\right)。$$

成交价格不能确定的，应当按相同或类似货物的正常价格、国内批发价或拍卖价确定，并按上述公式计算计税价格。

6.10 计税价格中是否包括运费和保险费？

核定涉嫌走私的货物计税价格包括货物运抵境内的运

费、保险费。

如果能确定实际发生的运费和保险费的，应按实际发生金额计入；如果不能确定金额或者实际未发生的，海关将按照同期运输行业公布的运费率计算运费，按货价加运费总额的3‰计算保险费。

6.11 如何确定税则、税率和汇率适用的时间？

在计核涉嫌走私的货物或者物品偷逃税款时，海关以走私行为案发时所适用的税则、税率、汇率和按规定审定的计税价格计算。具体计算办法如下：

1. 有证据证明走私行为发生时间的，以走私行为发生之日计算；

2. 走私行为的发生呈连续状态的，以连续走私行为的最后终结之日计算；

3. 证据无法证明走私行为发生之日或者连续走私行为终结之日的，以走私案件的受案之日（包括刑事和行政受案之日）计算；同一案件因办案部门转换出现不同受案日期的，以最先受案的部门受案之日为准。

6.12 如果是低报价格涉嫌走私，计核的偷逃税款是否包括犯罪嫌疑人原来已经申报部分应缴的税款？

在计核涉嫌走私的货物偷逃税款时，已经扣除了按照走私犯罪嫌疑人的申报计算的应缴税款。也就是说，偷逃税款就是正常应缴税款与故意低报价格应缴税款之间的差额，即少缴的那部分税款。

6.13 海关出具的“涉嫌走私的货物、物品偷逃税款海关核定证明书”有怎样的效力？

海关出具的计核结论，经海关走私犯罪侦查机关、人民检察院和人民法院审查确认，可以作为办案的依据和定罪量刑的证据。

6.14 对海关出具的“涉嫌走私的货物、物品偷逃税款海关核定证明书”有异议该怎么办？

走私犯罪嫌疑人、被告人或其辩护人对海关出具的“涉嫌走私的货物、物品偷逃税款海关核定证明书”有异议的，应当向办案机关提出重新核定的申请，经海关走私犯罪侦查机关、人民检察院或者人民法院审查同意后，由原送核单位重新核定。

6.15 涉嫌违反海关规定案件的偷逃税款是怎样计核的？

计核违规案件货物、物品的偷逃税款工作在计核程序、计核方法、计核部门、计核证明书的签发及格式等方面都是比照对走私的货物、物品计核方法办理的。也可以说，海关对于违规案件的偷逃税款计核工作与走私案件的计核基本相同。

第1章 海关估价简介

第2章 海关估价业务概况

第3章 成交价格方法

第4章 其他估价方法

第5章 特殊货物的估价方法

第6章 走私计税

第7章 海关估价程序

第8章 纳税复议

附录

在确定完税价格过程中，海关对申报价格的真实性或准确性有怀疑，或认为买卖双方的特殊关系可能影响到成交价格时，可要求进口货物的经营单位，包括其授权单位、授权人补充填写“价格申报单”，制发“价格质疑通知书”，进入价格质疑程序。

第1章

海关估价程序

海关估价主要集中在审单中心集中审单和现场海关通关科（验估中心）验估作业两个环节。

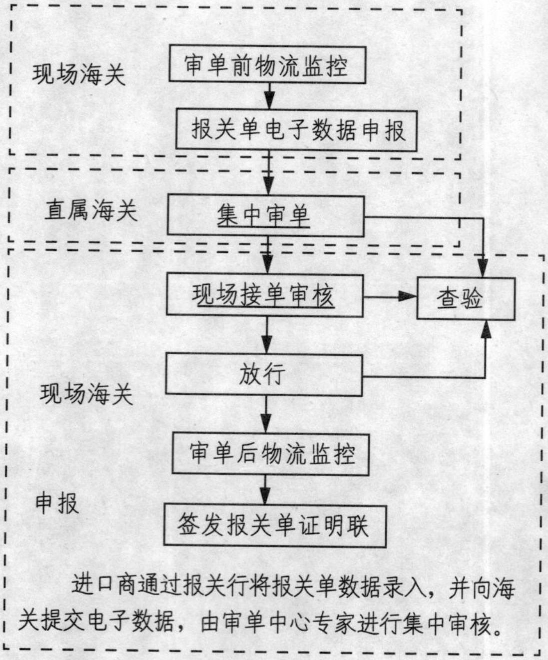

通关作业流程图

下面就以海运进口为例说明海关对进口货物估价的程序。

7.1 审单

海关在确定进口货物的完税价格时主要审核以下内容：

1. 商品名称、规格型号、成交数量、计量单位、包装、原产国（地区）、贸易国（地区）、贸易方式、合同或发票价格、贸易术语和结算方式等是否真实、准确。

2. 申报价格是否符合逻辑、是否符合成交价格条件、是否包括全部实付或应付金额，费用的调整是否合理有据。

如果经审核，审单中心接受申报的电子数据，进口商就可以向现场海关通关科提交纸质报关单证和资料了。

7.2 转岗

当审单中心专家对申报电子数据的真实性和完整性存在疑问，无法确定进口货物成交价格的时候，一般会把该票报关单转岗到现场海关通关科，要求进行验估作业，并通知进口商与现场海关联系。进口商获知与现场海关通关科联系后，应准备以下资料并递交现场海关通关科：

1．一般贸易进出口商品：提供报关单、发票、合同、信用证、外汇核销证明、关于贸易情况的说明、进口货物成份、构成或者工作原理的说明及其他证明申报价格真实、完整的单证、书面资料和电子数据；

2．加工贸易合同备案审价商品：提供进口料件备案申请表、出口成品备案申请表、发票等；

3．在监管年限内的减免税货物：应提供原进口货物报关单、征免税证明、发票等；

4．加工贸易内销补税商品：提供“加工贸易手册”、原进口货物报关单、发票等。

现场海关通关科验估人员接单后会对进口商递交的资料进行审核，如所提交的资料能证明进口货物申报价格真实、完整且符合成交价格条件的，现场海关通关科将反馈审单中心按申报价格确定完税价格。

7.3 成交价格方法

海关首先采用成交价格方法进行估价。经审核，申报价格符合成交价格条件的，海关应按成交价格方法确定进口货物的完税价格。

海关在使用成交价格方法时，如发现有下列费用未包括在申报价格中，会要求进口货物的经营单位补充填写“价格申报单”，并将其计入完税价格：

1. 除购货佣金以外的佣金和经纪费。
2. 与进口货物视为一体的容器费用。
3. 包装材料和包装劳务的费用。
4. “协助”的价值或费用。

对“协助”价值或费用的分摊应按以下方法和步骤进行：

第一，如“协助”价值或费用全部消耗在进口货物本身的生产或出口销售中，则应全部分摊到进口货物的价格中。

第二，如有关货物不是一次进口的，则应视具体情况，根据进口商的要求和所提供的单证资料，按下列3种方法之一对“协助”价值或费用进行分摊：

（1）将“协助”价值或费用分摊于第一批货物数量；

（2）将“协助”价值或费用分摊于截止第一批货物发运时已生产出的货物数量；

（3）将“协助”价值或费用分摊于全部预计的生产数

量。

5. 特许权使用费。海关重点审核专利、商标、专用技术和著作权的许可、转让和使用协议，审查特许权使用费的支付是否与进口货物有关，是否构成进口货物销售的一项要件，是否包含在申报价格中，并收集和保留载有特许权使用费条款和金额的相关资料。

特许权使用费的表示方式通常有以下几种：

（1）以净销售额的百分比表示；

（2）以净销售额的百分比表示，且每年固定不低于一定金额；

（3）以进口货物金额的百分比表示；

（4）以销售净额与进口货物金额之间差额的百分比表示；

（5）以“提成费”、“入门费”或“技术费”等名称的具体金额表示。

6. 转售（含处置和使用，下同）收益。海关在使用成交价格方法时，如发现下列费用单独列明，或有明确的计算方法加以区分，将从完税价格中扣除：

1. 厂房、机械、设备等货物进口后的基建、安装、装配、维修和技术服务的费用；

2. 货物运抵境内输入地点后的运输费用；

3. 进口关税和国内税。

有下列情形之一的，估价人员应依次按其他估价方法确定其完税价格：

一是进口货物的所有权没有发生转移，如以寄售贸易方式进口的货物。

二是进口货物未发生买卖行为，即买方获得进口货物而并未支付相应的货币对价，如免费交付的货物。

三是买方对进口货物的处置或使用受到限制，但国内法律、行政法规规定的限制和对货物转售地域的限制、对货物价格无实质影响的限制除外。

四是进口货物的出口销售或价格受到导致该货物价值无法确定的条件或因素影响：

（1）买卖双方的交易是“搭售交易”，即进口货物的销售价格取决于买方同时向卖方购买特定数量的其他货物；

（2）买卖双方的交易是“互售交易”，即进口货物的销售价格取决于买方向卖方销售其他货物的价格；

（3）其他经海关总署确定为“货物的出售或价格受到导致该货物价值无法确定的条件或因素影响”的情况。

五是卖方直接或间接获得因买方转售、处置或使用进口货物而产生的任何收益，但能按规定作出调整的除外。

海关重点审核买卖合同、协议，或合资（合作）合同、可行性研究报告等，如果发现存在进口货物的转售收益返还于卖方，且有客观量化的数据资料的，应将其计入完税价格；如果发现有进口货物的转售收益返还于卖方，但无客观量化的数据资料的，则按其他估价方法，估定货物的完税价格。

六是买卖双方之间有特殊关系，且特殊关系影响到成交价格：

（1）买卖双方的交易价格不符合该行业的正常定价惯例；

（2）买卖双方的交易价格与向无特殊关系的第三方的销售价格不相符；

（3）卖方的出口销售利润不符合同类货物出口销售的一般利润水平。

如果发现买卖双方虽然存在特殊关系，但能找到“测试价格”，且申报价格非常接近于“测试价格”的，则应按成交价格方法实施估价。

7.4 质疑

在确定完税价格过程中，海关对申报价格的真实性或准确性有怀疑，或认为买卖双方的特殊关系可能影响到成交价格时，可要求进口货物的经营单位，包括其授权单位、授权人补充填写“价格申报单”，制发“价格质疑通知书”，进入价格质疑程序。

1. 质疑的提出。

通常情况下，有下列情况之一的，海关应进入价格质疑程序：

(1) 进口货物的申报价格与同时或大约同时进口的相同或类似进口货物成交价格存在较大差异；

(2) 进口货物的申报价格与同时或大约同时进口的相同或类似货物国际市场行情价格存在较大差异（包括报刊、杂志、海关估价网站以及互联网站上的价格信息资料等）；

(3) 买卖双方存在特殊关系，且有可能影响成交价格；

(4) 单证之间与价格有关的项目存在矛盾或疑问；

(5) 其他怀疑申报价格真实性或准确性的理由。

2. 提出合作的要求。

海关制发“价格质疑通知书”，要求进口货物的经营单位给予充分的合作，在15天内以书面形式进一步说明理由，并提交有关的证据资料。

3. 接受申报价格或仍有理由怀疑。

如果在规定时限内，进口货物的经营单位提供的证据资料能证明申报价格的真实性或准确性的，海关应采用成交价

格方法实施估价。

如果在规定时限内，进口货物的经营单位明确表示放弃或拒绝提供进一步的证据资料， 应在“价格质疑通知书”上签注。

如果进口货物的经营单位未在规定时限内提供进一步的证据资料，或提供的证据资料不足以消除海关的怀疑，海关可不采用成交价格方法实施估价。 一般情况下，有下列情况之一的，即可成为海关继续怀疑申报价格真实性或准确性的理由：

（1）进口货物的经营单位只提供对外付汇凭证，而没有提供整个交易过程的情况，如订货签约等反映该批货物贸易全貌的情况说明；

（2）进口货物的经营单位只提供“无商业价值”或“仅供海关参考”的资料和证据；

（3）进口货物的经营单位不能提供有关货物的支付方面的凭证等；

（4）买卖双方存在特殊关系，且进口货物的经营单位不能合理解释其成交价格低于卖方售与无关系方的成交价格的原因，或不能合理解释其利润水平、定价方式与通常贸易惯例不符的原因等。

质疑的目的在于确定申报价格真实、完整、符合成交价格条件。

进口商应当在15日有效期限内向现场海关通关科提交“质疑通知书”所要求提供的资料。在整个验估期间，现场海关通关科验估人员也会通过电话向进口商了解交易过程。如果进口商拒绝，或者不能在规定期限内提供海关所要求提供的资料和说明的，海关将不接受其申报价格，并按规定进行估价。

有关“价格申报单”的文本格式如下，供大家参考：

中华人民共和国海关进口货物价格申报单(样式)

海关编号：

<table>
<tr><td rowspan="2">货物</td><td>商品名称</td><td colspan="2"></td><td>商品编号</td><td></td></tr>
<tr><td>品　牌</td><td></td><td>规格型号</td><td colspan="2"></td></tr>
</table>

<table>
<tr><td rowspan="2">买方</td><td>成交单位</td><td></td><td>联系人</td><td></td><td>电话</td><td></td></tr>
<tr><td>经营单位</td><td></td><td>联系人</td><td></td><td>电话</td><td></td></tr>
</table>

<table>
<tr><td rowspan="2">卖方</td><td>成交外商</td><td></td></tr>
<tr><td>生产厂商</td><td></td></tr>
</table>

<table>
<tr><td rowspan="4">成交情况</td><td>合同号</td><td></td><td>签约日期</td><td></td><td rowspan="4">□买方与卖方的交易是一次性买断；
□买方对进口货物的处置和使用受到某种限制；
□买卖双方在交易中存在特殊的安排。</td></tr>
<tr><td>单 价</td><td></td><td>进口数量</td><td></td></tr>
<tr><td>合同总价</td><td></td><td>合同总量</td><td></td></tr>
<tr><td>币 制</td><td></td><td>计量单位</td><td></td></tr>
</table>

<table>
<tr><td>买卖双方的关系</td><td>□买卖双方为同一家成员；
□买卖双方互为商业上的高级职员或董事；
□一方直接或间接地受另一方控制（如为另一方的母公司、子公司、分支机构或投资方等）；
□买卖双方同时直接或间接在行政管理或业务经营上领导同一第三方，或同时受第三方领导；
□一方直接或间接地拥有、控制或持有对方5%及以上具有表决权的股票或股份；
□一方是另一方的雇员、高级职员或董事；
□买卖双方是同一合伙的成员。</td></tr>
</table>

各种费用负担情况	费用名称	金额及币制	已包括在成交价格中
	1.卖方佣金、经纪费		□
	2.容器和包装费		□
	3.特许权使用费		□
	4.对进口货物转售、处理或使用所得返回卖方部分		□
	5.由买方提供用于进口货物生产和出口销售的物品或服务的费用		□
	6.机器设备进口后的安装、调试、技术服务等费用		□

支付	结算方式	□L/C　□T/T　□D/P　□D/A　□其他		
	预付价款		后付价款	

其他需要说明的情况：

申报声明：对本申报单各项填报内容及所附单证的真实性和完整性承担法律，并愿意提供与海关估价有关的其他任何资料或单证，如有不实，海关按有关规定处理。 申报人签字：	海关审核人：

填报日期：	申报单位盖章：	审核日期：

现对“价格申报单”的填报说明如下：

1. “价格申报单”应由进口货物收货人或其委托的报关企业填写。每一张“价格申报单”只能填写一项商品。

2. 品牌栏应填写进口货物的厂牌、牌名、注册商标等；规格型号栏应根据进口货物的特性，填报其规格、型号、成分、等级以及含量等等。以上品牌、规格型号栏要求填写的项目较多，如果填写空间不够，应选择能反映进口货物特性的主要项目填写。

3. 成交单位是指直接与卖方（成交外商，下同）谈判达成交易，自行或者委托具有对外贸易经营权的企业与卖方签订并执行外贸合同的我国境内法人或其他组织。经营单位应与报关单的经营单位一致。成交单位可以同时也是经营单位。

4. 在成交情况大栏中，单价应按照合同订明的成交币种填报；进口数量应按照合同订明的计量单位填报本次申报进口的实际数量。合同总价应填报需要价格申报的该项商品的合同总金额；合同总量应填报需要价格申报的该项商品的合同总数量；币制和计量单位应分别按照合同中有关货物实际成交的币种和计量单位填报。

买方对进口货物的处置和使用受到某种限制是指会对进口货物成交价格（实付或应付价格）产生实质性影响的限制，但是由我国法律、行政法规或行政规章规定实施的限制以及对进口货物转售地域的限制除外。买卖双方在成交中存在特殊的安排是指影响到确定进口货物成交价格的安排，例如：进口货物的价格以买方同时购买规定数量的其他货物为条件，或取决于买方向卖方销售其他货物的价格，或买方购买原材料性货物，需以特定数量的制成品作为价款支付形式等等。以上所称的“买方”均指与卖方谈判达成交易的成交单位。

5. 买卖双方的关系是指成交单位与成交外商的关系。

6. 在各种费用负担情况大栏中，卖方佣金是指由买方向卖方代理人支付的，作为卖方代理人为贸易的成交所提供的服务的报酬；经纪费是指买方向自己委托的或卖方委托的经纪人支付的报酬；容器和包装费是指与进口货物视为一体，且经常一起销售的容器或包装材料的费用及包装劳务费；特许权使用费是指进口货物所涉及的商标权费、专利费、专有技术费、版权费等；由买方提供用于进口货物生产和出口销售的物品或服务的费用是指由买方免费或以低于成本价直接或间接提供，并用于进口货物的生产和出口销售的物品或服务的价值，一般包括以下形式：进口货物中包含的材料、零部件和类似货物；在进口货物生产过程中使用的工具、模具和类似货物；在进口货物的生产过程中消费的材料；在境外完成的为生产进口货物所需的工程、开发、工艺、设计工作以及计划和规划等。在金额栏，需写明支付金额的币制。

7. 在支付大栏中，预付价款是指在卖方交货前，买方向卖方或其指定的某一方预先支付的没有包括在发票价格之中的款项；后付价款是指在卖方交货后，买方需向卖方或其指定的某一方支付的、与进口货物有关且没有包括在发票价格之中的款项。以上所提及的款项，均包括以实物形式或其他形式折算的款项。

8. 其他需要说明的情况栏填写在其他栏目中不能说明清楚的问题。

9. 申报人签字由进口货物收货人授权或代理报关企业授权填报本“价格申报单”的人签字；申报单位盖章应加盖申报人单位公章。

7.5 磋商

通过质疑，现场海关通关科验估人员认为申报价格不符合成交价格条件的，将会按规定依次采用相同货物成交价格法、类似货物成交价格法、倒扣法、计算法和合理方法进行估价。这时，海关会向进口商制发“价格磋商通知书”。

磋商不是“讨价还价”，而是为了获得合适的相同或类似货物的成交价格。因为进口商可能掌握有关相同或类似进口货物的海关完税价格资料，而海关却没有及时获得进口商所掌握的资料。相反地，海关可能掌握相同或类似进口货物的海关完税价格资料，而进口商则不易获得海关所掌握的这种资料。双方在磋商过程中，在无损于商业机密的前提下，应使双方的信息得以交流，以便确定完税价格的合理依据。磋商的形式可以多种多样，如远距离磋商（电话、传真）、当面磋商等。价格磋商结果以“价格磋商记录表”的形式记录，并由磋商双方共同签字予以确认。价格磋商的内容主要有：

价格磋商是为了获得合适的相同或类似货物的成交价格。

1. 双方各自掌握的与被估货物有关的各种价格资料、产品信息和市场情况；

2. 双方各自掌握的相同或类似进口货物的各种价格资料、产品信息和市场情况；

3. 双方各自掌握的与被估货物、相同或类似进口货物成交价格有关的所有交易背景资料，包括成交数量、商业水平、运输方式和运输距离等；

4. 其他需要磋商的与进口货物价格相关的内容。

7.5.1 相同或类似货物成交价格方法

遇有下列情况之一时，估价人员采用相同或类似货物成交价格方法，对进口货物实施估价：

1. 进口货物没有成交价格；

2. 申报价格不符合成交价格条件；

3. 海关怀疑申报价格的真实性或准确性，或者怀疑买卖双方的特殊关系影响到成交价格，并经价格质疑程序后，仍有理由怀疑的。

7.5.2 倒扣价格方法

遇有下列情况之一时，海关采用倒扣价格方法，对进口货物实施估价：

1. 经与进口货物的经营单位进行价格磋商，或通过调阅报关单数据库资料等方式，仍未找到相同或类似进口货物成交价格的；

2. 虽找到相同或类似进口货物成交价格，但对因成交数量、商业水平、运输方式和运输距离不同而产生的价格差异缺乏客观量化的数据资料进行调整的。

在使用倒扣价格方法时，应当扣除以下4项费用：

(1)该货物的同级或同类货物在境内销售时的利润和一般费用以及通常支付的佣金；

(2)货物运抵境内输入地点之后的运保费、装卸费及其他相关费用；

(3)进口关税、进口环节税和其他与进口或销售上述货物有关的国内税；

(4)如以货物经加工后在境内转售的价格作为倒扣的基础，还应扣除加工增值部分的价值。

7.5.3 计算价格方法

遇有下列情况之一时，海关采用计算价格方法，对进口货物实施估价：

1. 未找到符合倒扣价格方法所需的销售价格；

2. 虽找到符合条件的销售价格，但缺乏客观量化的数据作为对需扣除的费用进行分摊的依据。

如进口货物的经营单位提出要求，并能够提供相关资料的，海关可同意其选择倒扣价格方法和计算价格方法的先后适用次序。

有下列情况之一的，进口货物的经营单位不能选择倒扣价格方法和计算价格方法的适用次序：

一是按计算价格方法得出的完税价格低于进口货物的申报价格；

二是按计算价格方法得到的完税价格明显低于按倒扣价格方法得出的完税价格。

7.5.4合理方法

遇有下列情况之一时，估价人员应采用合理方法，对进口货物实施估价：

1. 进口货物的生产商不能提供进口货物的生产成本；

2. 进口货物的生产商虽能提供货物的生产成本，但缺乏客观量化的数据资料，作为分摊有关费用的依据。

海关在采用其他估价方法确定进口货物的完税价格时，可要求进口货物的经营单位填写“与申报价格有关的情况说明”。

7.6 具保放行

海关为确定进出口货物的完税价格需要推迟作出估价决定时，进出口货物的收发货人可以在依法向海关提供担保后，先行提取货物。

具保的金额根据货物性质、现场海关审核和验估结果等情况决定。

进口货物的具保方式视货物、企业要求、企业性质而定，一般情况下有以下3种：

1. 差额保证金。海关先按申报价格征税，并对申报价格与海关所掌握价格的差额部分收取相当于这部分应征税款的

若海关推迟作出估价决定，收发货人则可在提供担保后先行提取货物。

保证金。

2. 全额保证金。按海关所掌握的价格收取相当于税款的全额保证金。

3. 非保证金的其他有效担保。这些担保有银行担保、不动产抵押等。

因完税价格待定而收取的保证金期限为自具保之日起90天。在此期限内，海关必须确定进口货物的完税价格，并及时办理补税或保证金转税手续，以及退还多收的保证金及解除担保手续。

7.7 价格核查

具体规定体现在《审价办法》第三十二条。价格核查是为最终确定进口货物的完税价格而采取的一种估价手段。价格核查的主要工作内容是：核实进口货物的有关单证是否真实、准确、有效和完整；申报价格或已审定的完税价格是否已经包括各项应计入完税价格的有关费用；成交价格是否受到特殊经济关系的影响；交易中是否存在影响成交价格的特殊安排；以及是否存在分次付汇或多渠道付汇未向海关申报等情况。价格核查是为了解决在通关环节短时间内难以确定完税价格的问题和货物放行后发现可能需要重新确定完税价格的问题。可以说价格核查是现场估价向后的拓展、延伸。

第1章 海关估价简介

第2章 海关估价业务概况

第3章 成交价格方法

第4章 其他估价方法

第5章 特殊货物的估价方法

第6章 走私计税

第7章 海关估价程序

第8章 纳税复议

附录

第 8 章

纳税复议

行政复议是指当公民、法人和其他组织认为行政机关的具体行政行为侵犯了其合法权益，依法申请有关行政机关对该具体行政行为的合法性与适当性进行审查并作出裁决的活动。

纳税人如果认为海关的估价决定使自己的合法权益受到了侵害，纳税人可以通过纳税复议的形式维护自己的权益。

8.1 什么是行政复议？

行政复议是指当公民、法人和其他组织认为行政机关的具体行政行为侵犯了其合法权益，依法申请有关行政机关对该具体行政行为的合法性与适当性进行审查并作出裁决的活动。行政复议作为行政系统内部解决行政争议的救济方式，本质上属于一种行政监督。

复议申请人是指认为行政机关的具体行政行为侵犯了自己的合法权益，依法请求复议机关重新审议，变更或撤销原具体行政行为的公民、法人或者其他组织。

复议被申请人是指与复议申请人处于相对的法律地位，其实施的具体行政行为因复议申请人认为侵犯自己合法权益而依法向复议机关申请复议的行政机关。

8.2 什么情况可以向海关申请行政复议？

下列12种情况可以向海关申请行政复议：

1. 对海关作出的罚款，没收货物、物品、运输工具，追缴无法没收的货物、物品、运输工具的等值价款，没收违法所得，暂时停止或者取消给予特定减免税优惠，暂停或者取消与办理海关手续有关的经营资格，暂停报关员的执业或者吊销报关员的执业证书及其他行政处罚决定不服的；

2. 对海关作出的限制人身自由的行政强制措施不服的；

3. 对海关作出的扣留、封存、冻结财产及扣留、封存账簿、单证等行政强制措施不服的；

4. 对海关作出的责令退运进出境货物、物品等行政决定不服的；

5. 对海关作出的收取保证金、保证函、抵押物、质押物等的决定不服的；

6. 对海关作出的有关资质证、资格证等证书变更、中止、撤销的决定不服的；

7. 对海关关于该企业的分类以及按该分类进行的管理决定不服的；

8. 认为海关违法收取滞报金、监管手续费等费用或者违法要求履行其他义务的；

9. 认为符合法定条件，申请海关依法颁发资质证、资格证、执业证等证书，申请海关依法审批、登记有关事项，或者申请海关办理报关、查验、放行等海关手续，海关没有依

法办理的；

10. 申请海关履行法定职责，海关没有依法履行的；

11. 对海关在完税价格审定、税则归类、原产地、税率和汇率适用，缓征、减征或者免征税款，税款的征收、追缴、补税、退税，征收滞纳金，从银行账号划拨税款，拍卖或变卖财产抵缴税款及其他征税行为有异议（纳税争议）的；

12. 认为海关的其他具体行政行为侵犯其合法权益的。

8.3 什么人可以向海关申请行政复议？

作为海关征税行为的行政相对人——纳税义务人，如果纳税义务人认为由于海关估价多征了税款，侵犯了其合法权益，那么纳税义务人就可以向海关申请纳税复议，这时纳税义务人就是复议申请人。也就是说，税单上的“经营单位”或者“收货单位”都有资格申请纳税复议。

同申请纳税复议的海关估价有利害关系的其他公民、法人或者其他组织，可以作为第三人参加行政复议。申请以第三人身份参加纳税复议的，应当以书面形式提出，并且需说明其与申请纳税复议估价决定有利害关系。复议机关同意第三人参加行政复议的，会制作“第三人参加行政复议通知书”送达第三人。

申请人、第三人委托代理人，如报关行或外贸公司，代为参加行政复议的，应当向海关行政复议机关出具委托书，委托书应当具体列明以下委托事项：

1. 委托人姓名（法人或者其他组织的名称，法定代表人的姓名、职务），代理人姓名、性别、年龄、职业、地址及邮政编码；

2. 代理人代为提起、中止、变更、撤回复议申请，递交证据材料，收受复议法律文书等代理权限；

3. 代理人参加行政复议的期间；

4. 委托日期及委托人、代理人签章。

8.4 申请人应当向哪个部门提交复议申请？

申请人应当向作出估价决定的上一级海关提交纳税复议申请。简单地说，就是向税单上印章单位的上一级海关提交。

如果对现场海关（分关）的估价决定不服的，可以向其总关（直属海关）法规处申请纳税复议。如果对总关（直属海关）作出的估价决定不服的，可以向海关总署申请纳税复议。

纳税人对海关总署作出的征税决定不服的，可以向海关总署申请纳税复议。

8.5 怎样申请复议？

申请人向海关申请行政复议，可以书面申请，也可以口头申请。申请人申请复议时，可以提供有关的书面材料。

申请人口头申请的，海关行政复议机关将制作“行政复议口头申请记录”，并当场交由申请人签章确认。

8.6 怎样才算海关复议机构受理了复议申请？

申请人向海关复议机构提交了复议申请并不意味着复议

申请已经被受理，海关复议机构还要对申请进行审核并在5个工作日内决定是否受理；对于复议机构决定受理的，申请人会收到复议机构制发的“行政复议受理通知书”，复议机构收到复议申请之日即为受理之日。

8.7 不属于申请行政复议的情形

下列情况不能申请行政复议：

1. 对海关工作人员的个人违法违纪行为进行举报、控告或者对海关工作人员的态度作风提出异议的；

2. 对海关的业务政策、作业制度、作业方式和程序提出异议的；

3. 对海关工作效率提出异议的；

4. 对行政处罚认定的事实、适用的法律及处罚决定没有异议，仅因经济上不能承受而请求减免处罚的；

5. 不涉及海关具体行政行为，只对海关规章或其他规范性文件有异议的；

6. 请求解答海关法律、法规、规章的。

8.8 什么情况下，海关不受理申请人的复议申请？

海关行政复议机关收到行政复议申请后，在5个工作日内对申请进行审查，有下列情形的行政复议申请，海关决定不予受理：

1. 申请人不是认为海关具体行政行为侵犯其合法权益的公民、法人或者其他组织；

2. 不属于行政复议的范围的；

3. 超过法定申请复议期限，且无《海关行政复议实施办法》第九条第三款规定情形的；

4. 已向人民法院提起行政诉讼，人民法院已经依法受理的。

海关复议机关决定不予受理申请人的复议申请的，会制作“行政复议申请不予受理决定书”，并送达申请人。

8.9 复议申请人有哪些权利？

复议申请人的权利如下：

1. 申请复议权。

2. 委托权。 复议申请人、第三人可以委托行政复议代理人代为参加复议。

3. 查阅权。申请人、第三人可以查阅被申请人提出的书面答复及作出具体行政行为的证据、依据和其他有关材料，除涉及国家秘密、商业秘密或者个人隐私外，行政复议机关不得拒绝；

4. 申请回避权。 申请人、第三人及其代理人、被申请人认为复议人员与本案有利害关系或者有其他关系可能影响公正审理复议案件的，有权申请复议人员回避。

5. 撤回复议申请权。 行政复议决定作出前，申请人要求撤回行政复议申请的，经说明理由，可以撤回；撤回行政复议申请的，行政复议终止。

6. 申请执行权。对已发生法律效力的复议决定，复议申请人有依法申请执行的权利。

7. 申诉权。 复议申请人对复议决定不服或者复议机关不予受理复议申请、逾期不作出复议决定的，可在法定时限内依法向人民法院提起行政诉讼。

8. 法律、法规规定的其他权利。

8.10 复议申请人有哪些义务?

复议申请人的义务有：

1. 在复议过程中，复议申请人应自觉遵守复议纪律，维护复议秩序，听从复议机关依法作出的安排；

2. 自觉履行已生效的复议决定；

3. 法律、法规所规定的其他义务。

8.11 海关行政复议机构及其职责权限有哪些?

海关行政复议机构是海关内部审理复议案件、解决行政争议的法制机构。海关总署的行政复议机构为政策法规司；各直属海关的行政复议机构为法规处（法规室)。海关行政复议机构依法履行以下职责：

1. 受理复议申请；

2. 向有关组织和人员调查取证，查阅文件和资料；

3. 审查申请复议具体行政行为的合法性与合理性，拟定行政复议决定；

4．对海关及其部门和工作人员违反有关法律、法规的行为依照法定权限与程序提出处理意见；

5．办理海关复议决定的依法强制执行或申请人民法院强制执行有关事项；

6．办理不服海关具体行政行为提起行政诉讼的应诉事项。

8.12 行政复议可否撤销？

行政复议决定作出前，申请人说明理由，并要求撤回行政复议申请的，或者被申请人撤销、变更其所作的具体行政行为，申请人同意并申请撤回行政复议申请的，经复议机关审查同意，可以撤销复议案件，终止行政复议。

因复议申请人撤回复议申请或其他原因终止行政复议的，复议机构应当制作“行政复议终止决定书”，并送达申请人、第三人或其代理人及被申请人。

8.13 纳税人申请纳税复议需要准备的文件和单证材料有哪些？

纳税人申请纳税复议需要准备的文件和单证材料有：

1．有关纳税义务人身份的证明文件（包括自然人的身份证、单位营业执照等）；

2．有关进出口和海关征税决定的证明材料（包括：报关单、合同、发票、批文、许可证、税款缴款书、征免税证明、结汇单证等）；

3．海关监管中的有关单证材料（包括：查验记录、商品检验检疫单证、放行记录等）。

8.14 申请纳税复议后多久才能知道结果？

一般在海关受理复议后60日内可以知道结果，如有特殊情况，最长在90日内能够得到复议结果。

一般情况下，海关行政复议机关应当自受理申请之日起60日内作出行政复议决定。但是，如果复议案件属案情重大、复杂、疑难的；经申请人或其代理人同意的；有第三人参加复议的；或者，申请人或其代理人提出新的事实或证据需进一步调查的，经海关行政复议机关负责人批准，可以延长30日。海关行政复议机关如果延长复议期限，会制作“延长行政复议审查期限通知书”，并送达申请人、第三人、被申请人。

8.15 纳税复议的结果有哪几种？

纳税复议是行政复议的一种，是指纳税义务人同海关发生纳税争议，对海关作出的征税决定不服，对海关的征税决定申请的行政复议。海关复议审理人员对纳税复议案件经过对被复议的海关或部门作出的估价决定进行审查和调查后，会作出复议决定，并制作“行政复议决定书”分别送达申请人和被申请人。纳税复议决定主要有两种：

1. 维持原估价决定，仍然按照海关确定的完税价格计算应缴纳的税款。

2. 撤销原估价决定，并责令被申请人在一定期限内重新进行估价。被申请复议的海关或部门会重新确定完税价格，如果重新估价后发现原估价决定导致海关多征了税款的，会通知申请人办理退税手续；如果重新估价后发现原估价决定少征了税款的，申请人还必须补缴税款。

8.16 复议期间申请人可以暂不缴纳有争议的税款吗?

根据《海关法》(《海关法》第六十四条）和《行政复议法》的规定，在变更原征税的复议决定生效前，原征税决定不停止执行，即申请人仍然需要按“海关专用缴款通知书”规定的时间缴纳税款，否则逾期缴纳的，还需要缴纳滞纳金。

但是，有《行政复议法》第二十一条规定情形之一的，可以停止执行：

1. 被申请人认为需要停止执行的；

2. 行政复议机关认为需要停止执行的；

3. 申请人申请停止执行，行政复议机关认为其要求合理，决定停止执行的；

4. 法律规定停止执行的。

8.17 申请人对纳税复议的决定不服，应当向哪里申诉？

在收到“行政复议决定书”15日内，如果申请人仍然对海关估价的决定不服，可以向有管辖权的中级人民法院提起行政诉讼，应当以作出原具体行政行为的行政机关为被告。

复议机关逾期不作出复议决定的，申请人可以在复议期满之日起15日内向人民法院提起诉讼。如果申请人对复议机关不作为不服提起诉讼的，应当以复议机关为被告。

行政复议机关决定不予受理纳税复议申请的，申请人可以自收到不予受理决定书之日起15日内，向人民法院提起行政诉讼。

8.18 纳税人对海关的估价决定不服，可以直接向法院提起诉讼吗？

纳税人对海关估价等征税决定不服，要进行申诉的，必须先向上一级海关申请纳税复议；对复议决定仍不服的，才可以向海关所在地中级人民法院提起诉讼。这也叫做纳税复议前置原则。有关法律规定可以参见《行政复议法》第十九条和《海关法》第六十四条。

案例

不服海关估价征税复议案

一、案情介绍

2000年2月至7月间，当事人上海嘉荣医疗器材有限公司(以下简称上海嘉荣)委托苏州进出口集团公司向太仓海关报关进口输液泵、注射泵5批，申报单价均为400美元。同年7月，太仓海关在价格核查时发现：输液泵、注射泵不同规格间性能存在着较大差异，单价相同不合理；进口报关价与国内售价相差悬殊；其他厂商进口的同类产品，性能低于当事人进口的产品但申报价却高于其产品；且当事人以其母公司香港嘉荣医疗器材有限公司(以下简称香港嘉荣)为交易对象。太仓海关由此推断上述5批进口货物申报的成交价格存在问题。8月10日，申请人第6次向太仓海关申报进口输液泵一批，申报单价仍为400美元。太仓海关遂对此票货物连同前5批货物展开审价，并敦促申请人交保办理手续，但申请人始终未缴纳保证金并办理相应海关手续。2001年5月25日，太仓海关以西安机场海关受理的单票同期进口相同货物成交价格为依据，估定申请人进口货物的单价为1500美元/

台，并依此对以上第六批货物开列征税税单，对前5批货物开出补税税单。

二、复议过程

申请人不服太仓海关估价征税行为，于2001年6月14日向苏州海关提起行政复议。苏州海关复议机构经审查认为，太仓海关估价征税的理由是成立的，但在具体估价过程中，仅以西安机场海关受理的单票进口货物成交价格为依据，未考虑因商业水平、运输方式不同所带来的价格差异，因而依据不足，决定撤销太仓海关作出的征、补税款行为，由太仓海关重新作出相应的征、补税款行为。

经进一步取证，太仓海关获取了相同货物从同一出口方出口时的离岸价格，同时发现申请人上海嘉荣与其境外交易方香港嘉荣之间存在着特殊的经济关系，这种特殊经济关系已对申请人与香港嘉荣间的成交价格产生影响。本着合理原则，太仓海关于2001年12月17日重新对申请人作出了估价征税决定。

申请人仍然不服，于2001年12月28日对太仓海关的重新征、补税款行为再次提起行政复议，并要求海关对滞留在港货物的相关损失和费用予以赔偿。苏州海关再次受理后，经审理确认：申请人上海嘉荣与其境外交易方香港嘉荣之间存在着特殊的经济关系已对二者交易的成交价格产生影响；太仓海关基于上述理由进行估价并作出相应的征、补税款行为，事实清楚、证据确凿、适用依据正确、程序合法、内容适当；本案在港的进口货物未经办理相关海关手续，太仓海关对因此而滞留在港货物的损失及费用不应承担责任。为此，2002年2月26日，苏州海关作出决定，维持太仓海关于

2001年12月17日作出的估价征税行为，对申请人就滞留在港货物相关损失和费用提出的赔偿请求不予支持。当事人接受了这一决定，未提出异议，此案终结。

案例

不服海关征税决定行政诉讼案

一、案情介绍

原告：江西可嘉利科技开发有限公司。被告：上海海关。

2000年3月6日，江西可嘉利科技开发有限公司（以下简称可嘉利公司）进口823台电子音频功率放大器，并以46美元／台～56美元／台的价格报关，上海海关2000年7月进行了审定并按200美元／台进行征税。可嘉利公司不服，向海关总署申请复议，海关总署以上海海关征税决定认定事实不清，证据不足为由，撤销原征税决定。上海海关经调查取证，认定可嘉利公司提供的报关发票系假发票，其申报的所谓成交价格明显低于海关掌握的相同或类似货物的国际市场公开成交价格，且又不能提供合法证据和说明正当理由，故其申请报关时提供的材料不能作为征税依据，据此于2001年4月28日作出进口关税专用缴款书、代征增值税专用缴款书，认定可嘉利公司所购823台电子音频功率放大器，应按海关审定的200美元／台予以估价征税。可嘉利公司不服，又向海关总署申请复议，海关总署于2001年7月2日作出复议决定，驳回可嘉利公司复议申请。可嘉利公司仍不服，向上海市第二中级人民法院提起诉讼。

原告可嘉利公司诉称，上海海关按200美元/台估价征税，缺乏事实证据和法律依据，请求法院撤销上海海关2001年4月8日的征税缴款决定。

上海海关辩称，其依法具有审定完税价格进行估价征税的职权，且原告提供的报关发票系假发票，不能作为征税依据，同时，其申报的所谓成交价格明显低于市场价格，又不能提供合法证据和正当理由。被告通过调查取证作出的征税决定书，事实清楚，证据充分，请求法院驳回原告的诉请。

二、审判

上海市第二中级人民法院经审理认为，上海海关依据原《中华人民共和国海关法》、《中华人民共和国进出口关税条例》第二条第一款、《中华人民共和国增值税暂行条例》第二十条第一款规定，具有征收关税、代征增值税的执法主体资格，并依法具有对报关价格进行审定并确定完税价格的职权。原告可嘉利公司报关后，上海海关经审查，认定可嘉利公司报关单据内容不真实，不能作为征税依据。上海海关经调查取证作出的征税决定，事实清楚，证据充分，适用法律正确，程序合法。据此，判决维持中华人民共和国上海海关的具体行政行为。

三、点评

本案是一起海关征收关税及代征增值税而引起的行政诉讼，有以下几个问题值得研究：

第一，可嘉利公司报关时已提供了购货发票、合同等材料，海关是否有职权重新审定完税价格。原《中华人民共和国海关法》第三十八条规定，“进口货物以海关审定的正常到岸价格为完税价格。”《中华人民共和国进出口关税条例》

第十七条规定，“进出口货物的收发货人或者他们的代理人，应当如实向海关申报进出口货物的成交价格。申报的成交价格明显低于或者高于相同或者类似货物的成交价格的，由海关依照本条例的规定确定完税价格。”《中华人民共和国海关审定进出口货物完税价格办法》第九条第（二）项规定，“凡有下述情形之一者，海关有权不接受进口人申报的成交价格：……（二）申报价格明显低于海关掌握的相同或类似货物的国际市场公开成交货物的价格，而又不能提供合法证据和正当理由的……”海关在征收关税过程中，对当事人提供证据真实性的审查，对最终完税价格的审定，就是行使征收关税行政职权的表现。经调查取证，可嘉利公司提供的材料不真实，在这种情况下，上海海关依法具有对报关价格进行审定并确定完税价格的职权。

第二，海关以200美元／台作为完税价格是否于法有据。解决这个问题的关键在于原告进口的成交价格是否真实。原告在报关时虽提供了相关的购货合同、发票等材料，但海关在审定时认定，其所提供的发票不是境外发货人开具，而是与发货人无关的美国凯莱特公司上海办事处工作人员王某接受该办事处赵某的指示，在中国境内利用发货人已签章的空白单据制作并修改的，属于假发票，不能作为证明原告报关成交价格的合法证据，且申报的成交价格明显低于相同或者类似货物在国际市场上的成交价格。虽然法律、法规对“明显低于”未作解释，但从海关调查取证的材料看，价格相差悬殊，申报价格低于相同产品市场价格的近十倍，有的甚至是几十倍。故海关对申报价格不予采信并按调查核定的200美元／台征税并无不当。

第三，可嘉利公司提出，上海海关在2000年7月对该823台电子音频功率放大器按200美元／台进行征税时，未提供所依据的事实及证据，因此上海海关具体行政行为程序违法。在本案中，存在两个具体行政行为，第一个是上海海关2000年7月对823台电子音频功率放大器按200美元／台进行征税的行为，第二个是上海海关2001年4月28日所作的征税决定。原告的诉讼理由混淆了上述两个行为。本案被诉行政行为是上海海关2001年4月28日所作的征税决定，而并非是2000年7月的征税行为。庭审中，被告提供的证据均系2001年4月28日前取得，因此上海海关2001年4月28日所作的征税决定程序合法，被告无需提供2000年7月之前取证的材料，法院亦无需审查。

附录1

WTO估价协定

关于实施1994年关税与贸易总协定

第7条的协定——《WTO估价协定》（中文）

一般介绍性说明

1．本协定项下完税价格的首要依据是第1条所定义的“成交价格”。第1条应与第8条一起理解，第8条特别规定，如被视为构成完税价格组成部分的某些特定要素由买方负担，但未包括在进口货物的实付或应付价格中，则应对实付或应付价格作出调整。第8条还规定，在成交价格中应包括以特定货物或服务的形式而非以货币的形式由买方转给卖方的某些因素。第2条至第7条规定了在根据第1条的规定不能确定完税价格时确定完税价格的方法。

2．如根据第1条的规定不能确定完税价格，则在海关和进口商之间通常应进行磋商，以期根据第2条或第3条的规定得到确定价格的依据。例如，可能发生的情况是，进口商可能掌握关于相同或类似进口货物完税价格的信息，而进口港的海关却不能立即获得此类信息。另一方面，海关可能掌握相同或类似进口货物完税价格的信息，而进口商却不能容易获得此类信息。双方之间的磋商过程在遵守商业机密的要求的前提下，可使信息得到交流，以期确定海关估价的适当依据。

3．第5条和第6条规定了在不能依据进口货物或相同或类似进口货物的成交价格确定完税价格时用以确定完税价格的两个依据。根据第5条第1款，完税价格根据货物以进口时的状态向进口国中元特殊关系的买方销售的价格确定。如进口商提出请求，进口商还有权要求对进口后经进一步加工的货物根据第5条的规定进行估价。根据第6条，完税价格根据计算价格确定。这两种方法都会带来某些困难，因此，应根据第4条的规定给予进口商选择这两种方法适用顺序的权利。

4．第7条列出了在不能根据前述各条的规定确定完税价格时，如何确定完税价格。

各成员，

注意到多边贸易谈判；

期望促进GATT1994目标的实现，并使发展中国家的国际贸易获得更多的利益；

认识到GATT1994第7条规定的重要性，并期望详述适用这些规定的规则，以便在执行中提供更大的统一性和确定性；

认识到需要一个公平、统一和中性的海关对货物估价的制度，以防止使用任意或虚构的完税价格；

认识到海关对货物估价的依据在最大限度内应为被估价货物的成交价格；

认识到完税价格应依据商业惯例的简单和公正的标准，且估价程序应不区分供货来源而普遍适用；

认识到估价程序不应用于反倾销；

特此协议如下：

第一部分　海关估价规则

第1条

1．进口货物的完税价格应为成交价格，即为该货物出口销售至进口国时依照第8条的规定进行调整后的实付或应付的价格，只要：

（a）不对买方处置或使用该货物设置限制，但下列限制除外：

（i）进口国法律或政府主管机关强制执行或要求的限制；

（ii）对该货物转售地域的限制；或

（iii）对货物价格无实质影响的限制；

（b）销售或价格不受某些使被估价货物的价值无法确定的条件或因素的影响；

（c）卖方不得直接或间接得到买方随后对该货物转售、处置或使用后的任何收入，除非能够依照第8条的规定进行适当调整；以及

（d）买方和卖方无特殊关系，或在买方和卖方有特殊关系的情况下，根据第2款的规定为完税目的的成交价格是可接受的。

2．（a）在确定成交价格是否就第1款而言可接受时，买卖双方之间存在属第15条范围内的特殊关系的事实本身并不得构成将该成交价格视为不能接受的理由。在此种情况下，应审查围绕该项销售的情况，只要此种关系并未影响价格，则应接受该成交价格。如按照进口商或其他方面提供的信息，海关有理由认为此种关系影响价格，则海关应将其理由告知进口商，并给予进口商作出反应的合理机会。如进口商提出请求，则海关应以书面形式将其理由通知进口商。

(b) 在有特殊关系的人之间的销售中，只要进口商证明成交价格非常接近于下列同时或大约同时发生的价格之一，则该成交价格应被接受，并依照第1款的规定对该货物进行估价：

(i) 供出口至相同进口国的相同或类似货物售予无特殊关系的买方的成交价格；

(ii) 根据第5条的规定确定的相同或类似货物的完税价格；

(iii) 根据第6条的规定确定的相同或类似货物的完税价格。

在适用上述测试价格时，应适当考虑在商业水平、数量水平、第8条包含要素以及在买卖双方无特殊关系的销售中卖方承担的费用与在买卖双方有特殊关系的销售中卖方不予承担的费用方面的已证实的差异。

(c) 第2款 (b) 项所列测试价格应在进口商自行提出后使用，且仅用于进行比较的目的。不得根据第2款 (b) 项的规定确定替代价格。

第2条

1. (a) 如进口货物的完税价格不能根据第1条的规定确定，则完税价格应为与被估价货物同时或大约同时出口销售至相同进口国的相同货物的成交价格。

(b) 在适用本条时，应使用以与被估价货物相同的商业水平销售的、数量实质上相同的相同货物的成交价格确定完税价格。如不能认定此种销售，则应使用以不同商业水平销售的和／或数量不同的相同货物的成交价格，并应对可归因于不同商业水平和／或不同数量的差异作出调整，只要此类调整能够依据清楚地确定调整的合理性和准确性的明确证据作出，而无论调整是否导致价格的提高或降低。

2．如成交价格包括第8条第2款所指的成本和费用，则应作出调整，以考虑进口货物与所涉相同货物之间由于距离和运输方式的不同而在此类成本和费用方面产生的巨大差异。

3．在适用本条时，如可认定相同货物具有一个以上的成交价格，则应使用最低的成交价格确定进口货物的完税价格。

第3条

1．(a) 如进口货物的完税价格不能根据第1条和第2条的规定确定，则完税价格应为与被估价货物同时或大约同时出口销售至相同进口国的类似货物的成交价格。

(b) 在适用本条时，应使用以与被估价货物相同的商业水平销售的、数量实质上相同的类似货物的成交价格确定完税价格。如不能认定此种销售，则应使用以不同商业水平销售的和／或数量不同的类似货物的成交价格，并应对可归因于不同商业水平和／或不同数量的差异作出调整，只要此类调整能够根据清楚地确定调整的合理性和准确性的已证实的证据作出，而无论调整是否导致价格的提高或降低。

2．如成交价格包括第8条第2款所指的成本和费用，则应作出调整，以考虑进口货物与所涉类似货物之间由于距离和运输方式的不同而在此类成本和费用方面产生的巨大差异。

3．在适用本条时，如可认定类似货物具有一个以上的成交价格，则应使用最低的成交价格确定进口货物的完税价格。

第4条

如进口货物的完税价格不能根据第1条、第2条和第3条的规定确定，则完税价格应根据第5条的规定确定，或如果完税价格不能根据该条的规定确定，则应根据第6条的规定确定，除非在进口商请求下，应将第5条和第6条适用顺序进行颠倒。

第5条

1．(a)如进口货物或相同或类似进口货物在进口国按进口时的状态销售，则根据本条的规定，进口货物的完税价格应依据与被估价货物的进口同时或大约同时售予与销售此类货物无特殊关系买方的最大总量的进口货物或相同或类似进口货物的单位价格确定，但需扣除下列内容：

(i) 与在进口国销售同级别或同种类货物有关的通常支付或同意支付的佣金，或通常作为利润和一般费用的附加额；

(ii) 运输和保险的通常费用及在进口国内发生的相关费用；

(iii) 在适当时，第8条第2款所指的成本和费用；以及

(iv) 在进口国因进口或销售货物而应付的关税和其他国内税。

(b) 如进口货物或相同或类似进口货物均未在与被估价货物进口的同时或大约同时销售，则完税价格除需遵守第1款 (a) 项的规定外，应依据进口货物或相同或类似进口货物在被估价货物进口后的最早日期、但在该项进口起90天期满前，在进口国以进口时的状态销售的单位价格确定。

2．如进口货物或相同或类似进口货物均非以进口时的状态在进口国销售，则在进口商请求下，完税价格应依据进口货物经进一步加工后售予与销售此类货物无特殊关系的进口国中买方的最大总量的单位价格确定，同时应考虑加工后

的增值部分和第1款（a）项规定的扣除内容。

第6条

1．根据本条的规定，进口货物的完税价格应依据计算价格确定。计算价格应由下列金额组成：

(a) 生产进口货物所使用的原料和制作或其他加工的成本或价值；

(b) 利润额和一般费用，等于通常反映在由出口国生产者制造供向进口国出口的、与被估价货物同级别或同种类的货物的销售中的利润额和一般费用；

(c) 反映该成员根据第8条第2款所作估价选择所必需的所有其他费用的成本或价值。

2，就确定计算价格而言，任何成员不得要求或强迫不居住在其领土内的任何人呈验或允许其查阅任何账目或其他记录。但是，经生产者同意，并在充分提前通知所涉国家政府且后者不反对调查的条件下，货物的生产者为根据本条的规定确定完税价格的目的所提供的信息可由进口国主管机关在另一国进行核实。

第7条

1．如进口货物的完税价格不能根据第1条至第6条的规定确定，则应使用与本协定和GATT1994第7条相一致的原则和总则的合理方法，并依据在进口国中的现有数据确定完税价格。

2．完税价格不得根据本条的规定以下列内容为依据确定：

(a) 进口国中生产的货物在该国的销售价格；

(b) 规定为估价目的而采用两种备选价格中的较高价格

的制度；

(c) 出口国国内市场上的货物价格；

(d) 依照第6条的规定为相同或类似货物确定的计算价格以外的生产成本；

(e) 出口至进口国以外国家的货物的价格；

(f) 海关最低限价；或

(g) 任意或虚构的价格。

3．如进口商提出请求，应将根据本条规定确定的完税价格和确定该价格所使用的方法以书面形式通知进口商。

第8条

1．在根据第1条的规定确定完税价格时，应在进口货物的实付或应付价格中加入：

(a) 下列各项，只要由买方负担但未包括在货物实付或应付的价格中：

(i) 佣金和经纪费用，购买佣金除外；

(ii) 为完税目的而与所涉货物被视为一体的容器费用；

(iii) 包装费用，无论是人工费用还是材料费用。

(b) 与进口货物的生产和销售供出口有关的、由买方以免费或降低使用成本的方式直接或间接供应的酌情按比例分摊的下列货物和服务的价值，只要该价值未包括在实付或应付的价格中：

(i) 进口货物包含的材料、部件、零件和类似货物；

(ii) 在生产进口货物过程中使用的工具、冲模、铸模和类似货物；

(iii) 在生产进口货物过程中消耗的材料；

(iv) 生产进口货物所必需的、在进口国以外的其他地方所从事的工程、开发、工艺、设计工作以及计划和规划。

(c) 作为被估价货物销售的条件，买方必须直接或间接支付与被估价货物有关的特许权使用费和许可费，只要此类该特许权使用费和许可费未包括在实付或应付的价格中。

(d) 进口货物任何随后进行的转售、处置或使用而使卖方直接或间接获得的收入的任何部分的价值。

2. 每一成员在制定法规时，应对将下列各项内容全部或部分地包括或不包括在完税价格之中作出规定：

(a) 进口货物运至进口港或进口地的费用；

(b) 与进口货物运至进口港或进口地相关的装卸费和处理费；

(c) 保险费。

3. 根据本条规定加入实付和应付价格中的费用应以客观和可量化的数据为依据。

4. 除本条所规定的内容外，在确定完税价格时，不得将其他内容计入实付或应付价格。

第9条

1. 如确定完税价格需要进行货币换算，则使用的汇率应为有关进口国的主管机关正式公布的汇率，并且就此类公布的文件所涉期限而言，汇率应尽可能有效地反映在商业交易中以进口国货币表示的该种货币的现值。

2. 所使用的汇率应为按各成员规定的在出口或进口时实行的汇率。

第10条

对于所有属机密性质的信息，或为海关估价的目的而在保密基础上提供的信息，有关主管机关应严格按机密信息处理，未经提供信息的个人或政府的特别允许，有关主管机关不得披露，除非在进行诉讼程序时要求予以披露。

第11条

1. 每一成员的立法应规定在确定完税价格方面，进口商或其他纳税义务人有进行上诉而不受处罚的权利。

2. 可向海关内部一部门或向一独立机构行使上诉而不受处罚的最初权利，但是每一成员的立法应规定可向司法机关提出上诉而不受处罚的权利。

3. 关于上诉决定的通知应送达上诉人，作出该决定的理由应以书面形式提供。并应将进一步上诉的任何权利通知上诉人。

第12条

实施本协定的普遍适用的法律、法规、司法决定和行政裁决应由有关进口国以符合GArr1994第10条的方式予以公布。

第13条

如在确定进口货物的完税价格的过程中，需要推迟作出完税价格的最终确定，则货物的进口商仍应能够从海关提取货物，如有此要求，则进口商以涵盖该货物可能最后支付的关税的保证金、存款或其他一些适当工具提供充分的保证。每一成员的立法应为此种情况作出规定。

第14条

本协定附件1中的注释为本协定的组成部分，本协定各条应与各自的注释一并理解和适用。附件2和附件3也属本协定的组成部分。

第15条

1．在本协定中：

(a)“进口货物的完税价格”指海关为征收进口货物的从价关税目的所使用的货物的价格；

(b)“进口国”指进口的国家或进口的关税领土；

(c)“生产的”包括种植的、制造的和开采的。

2．在本协定中：

(a)“相同货物”指在所有方面都相同的货物，包括物理特性、质量和声誉，外观上的微小差别不妨碍在其他方面符合定义的货物被视为相同货物；

(b)“类似货物”指虽然不是在所有方面都相同，但具有相似的特性、相似的组成材料，从而使其具有相同功能，在商业上可以互换的货物。在确定货物是否类似时，待考虑的因素包括货物的质量、声誉和商标的存在等；

(c)“相同货物”和“类似货物”两词不包括（视情况而定）包含或反映工程、开发、工艺、设计工作以及计划和规划，且未根据第8条第1款（b）项（iv）目进行调整的货物，因为此类因素均在进口国中进行；

(d) 除非货物与被估价货物在相同国家生产，否则不应视其为“相同货物”或“类似货物”；

(e) 只有生产被估价货物的人不生产相同货物或类似货物（视情况而定）时，方可考虑由不同的人生产的货物。

3．在本协定中“同级别或同种类货物”指属由特定产业或产业部门生产的一组或一系列货物中的货物，包括相同或类似货物。

4．就本协定而言，只有在下列情况下，方可被视为有特殊关系的人：

（a）他们互为商业上的高级职员或董事；

(b) 他们是法律承认的商业上的合伙人；

(c) 他们是雇主和雇员；

(d) 直接或间接拥有、控制或持有双方5%或5%以上有表决权的发行在外的股票的任何人；

(e) 其中一人直接或间接控制另一人；

(f) 双方直接或间接被同一第三人控制；

(g) 双方共同直接或间接控制同一第三人；或

(h) 双方属同一家族成员。

5．对于在商业上彼此有联系的人，一人是另一人的独家代理人、独家经销人或独家受让人，无论如何称呼，如他们符合第4款的标准，则就本协定而言应被视为有特殊关系的人。

第16条

应书面请求，进口商有权获得进口国海关关于其货物的完税价格如何确定的书面说明。

第17条

本协定的任何规定不得解释为限制或怀疑海关确信为估价目的所提交的任何陈述、单证或申报的真实性或准确性的权利。

第二部分　管理、磋商和争端解决

第18条　机构

1．特此设立海关估价委员会（下称“委员会”），由每一成员的代表组成。委员会应选举自己的主席，通常每年应召开一次会议，或按本协定有关规定所设想的其他情况召开会议，目的在于为各成员提供机会，就任何成员可能影响本协定运用或其目标实现的与海关估价体制管理有关的事项进行磋商，并履行各成员所指定的其他职责。WTO秘书处应担任委员会的秘书处。

2. 应设立海关估价技术委员会（本协定中称“技术委员会”，在海关合作理事会（本协定中称“CCC”）主持下，技术委员会应履行本协定附件2中所述的职责，并依照其中所含议事规则运作。

第19条　磋商和争端解决

1. 除非本协定另有规定，否则《争端解决谅解》适用于本协定项下的磋商和争端解决。

2. 如任何成员认为，由于另一成员或其他成员的行动而使其在本协定项下直接或间接获得的利益丧失或减损，或阻碍本协定任何目标的实现，则该成员为就此事项达成双方满意的解决办法，可请求与所涉成员进行磋商。每一成员应对另一成员提出的磋商请求给予积极考虑。

3. 应请求，技术委员会应向进行磋商的成员提供建议和协助。

4. 为审查与本协定规定有关的争端而设立的专家组，可在争端一方请求下或自行请求技术委员会对任何需要作技术性审议的任何问题进行审查。专家组应确定技术委员会对特定争端的职权范围，并设定接受技术委员会报告的时间。专家组应考虑技术委员会的报告。如技术委员会无法就根据本款规定对提交其处理的事项协商一致，则专家组应向争端各方提供就争端向专家组提出其意见的机会。

5. 未经提供机密信息的个人、机构或主管机关的正式授权，向专家组提供的信息不得披露。如专家组要求提供此类信息，但专家组未获得发布此类信息的授权，则经提供该信息的个人、机构或主管机关授权，可提供此类信息的非机密摘要。

第三部分 特殊和差别待遇

第20条

1．不属1979年4月12日订立的《关于实施关税与贸易总协定第7条的协定》参加方的发展中国家成员可推迟适用本协定的规定，时间不超过自《WTO协定》对其生效之日起5年。选择推迟适用本协定的发展中国家成员应据此通知WTO总干事。

2．除第1款之外，不属1979年4月12日订立的《关于实施关税与贸易总协定第7条的协定》参加方的发展中国家成员，可推迟适用第1条第2款(b)项（iii）目和第6条，时间不超过它们适用本协定所有其他规定起3年。选择推迟适用本款所列明的条款的发展中国家成员应据此通知WTO总干事。

3．发达国家成员应按双方同意的条件，向提出请求的发展中国家成员提供技术援助。在此基础上，发达国家成员应拟定技术援助计划，其中可特别包括人员培训、在制定实施措施过程中的援助、关于海关估价方法信息的提供以及关于适用本协定规定的建议等。

第四部分 最后条款

第21条 保 留

未经其他成员同意，不得对本协定的任何规定提出保留。

第22条　国家立法

1．每一成员应保证，在不迟于对其适用本协定规定之日，使其法律、法规和行政程序符合本协定的规定。

2．每一成员应将其与本协定有关的本国法律和法规的变更及这些法律和法规管理方面的任何变更通知委员会。

第23条　审　议

委员会应每年审议本协定的执行和运用情况，同时考虑本协定的目标。委员会应每年将审议所涉期间的进展情况通知货物贸易理事会。

第24条　秘书处

本协定由WTO秘书处提供服务，具体指定由海关合作理事会秘书处提供服务的技术委员会的职责除外。

附件1　解释性说明

总体说明

估价方法的适用顺序

1．第1条至第7条规定了如何根据本协定的规定确定进口货物的完税价格。估价方法按适用的顺序列出。第1条规定了海关估价的首要方法，只要满足该条规定的条件，进口货物即依照该条的规定进行估价。

2．如不能根据第1条的规定确定完税价格，则应按顺序使用随后各条中最先能够确定完税价格的条款确定完税价格。除第4条规定外，只有在完税价格无法根据一特定条款确定时，方可按顺序使用下一条款的规定。

3．如进口商未请求颠倒第5条和第6条的顺序，则应遵循正常顺序。如进口商虽未提出此种请求，但随后证明不能根据第6条的规定确定完税价格，而根据第5条能够确定完税价格，则应根据该条的规定予以确定。

4．如完税价格无法根据第1条至第6条的规定确定，则应根据第7条的规定确定。

公认会计原则的使用

1．“公认会计原则”指在一特定时间内一国关于下列内容的公认的一致意见或实质性权威支持：何种经济资源和债务应记为资产和债务、资产和债务的何种变化应予记录；如何衡量资产和债务及其变化、何种信息应予披露及如何披露，以及应编制何种财务报表等。这些标准可以是普遍适用的概括性的准则，也可以是详细的做法和程序。

2．就本协定而言，每一成员的海关应使用与适合所涉条款的该国公认会计原则相一致的方式准备的信息。例如，根据第5条的规定，对通常的利润和一般费用的确定应使用与进口国公认会计原则相一致的方式准备的信息。另一方面，根据第6条的规定，对通常的利润和一般费用的确定应使用与生产国公认会计原则相一致的方式准备的信息。又如，在进口国中对第8条第1款（b）项（ii）目所规定的某一要素的确定应使用与该国公认会计原则相一致的方式准备的信息。

关于第1条的注释

实付或应付价格

1．实付或应付价格指买方为进口货物向卖方或为卖方利益而已付或应付的支付总额。支付未必采取资金转移的形式。支付可采取信用证或可转让信用工具的形式。支付可以是直接的，也可以是间接的。间接支付的一个例子是买方全部或部分偿付卖方所欠债务。

2．买方自负责任所从事的活动，除第8条规定的进行调整的活动外，即使可能被视为对卖方有利，也不被视为对卖方的间接支付。因此，在确定完税价格时，此类活动的费用不得计入实付或应付价格。

3．完税价格不得包括下列费用或成本，只要这些费用或成本可与进口货物的实付或应付价格相区别：

(a) 在如工厂、机械或设备等进口货物进口后发生的建设、安装、装配、维修或技术援助费用；

(b) 进口后的运输费用；

(c) 进口国的关税和国内税。

4．实付或应付价格指对进口货物支付的价格。因此，买方向卖方支付的、与进口货物无关的股息或其他支付不属完税价格的一部分。

第1款(a)项（iii）目

在各项限制中，不会致使实付或应付价格不可接受的限制是对货物价格无实质影响的限制。此类限制的一个例子是：卖方要求汽车的购买者在代表新产品年度开始的一固定日期前不出售或展览这些汽车。

第1款(b)项

1．如销售或价格受某些条件或因素的约束，从而使被估价货物的完税价格无法确定，则该成交价格不得为完税目的而被接受。这方面的例子包括：

(a)卖方以买方也将购买指定数量的其他货物为条件而确定进口货物的价格；

(b)进口货物的价格取决于进口货物的买方向进口货物的卖方销售其他货物的价格；

(c)依据与进口货物无关的支付形式确定的价格。例如，进口货物是以卖方将收到一定数量的制成品为条件而提供的半制成品。

2．但是，与进口货物的生产和销售有关的条件或因素不得导致成交价格被拒绝。例如，买方向卖方提供在进口国进行的工程和设计的事实不得导致就第1条而言的成交价格被拒绝。同样，如买方自负责任从事与进口货物的销售有关的活动，即使经卖方同意，这些活动的价值既不是完税价格的一部分，也不应导致成交价格被拒绝。

第2款

1．第2款(a)项和(b)项规定了确定成交价格的可接受性的不同方法。

2．第2款(a)项规定，如买方和卖方有特殊关系，则应审查围绕销售的情况，只要此种关系未曾影响价格，即应将成交价格按完税价格接受。这并不意味着在买卖双方有特殊关系的所有情况下均对有关情况进行审查。只有在怀疑价格的可接受性时方要求进行此种审查。如海关不怀疑价格的可接受性，则应接受该价格而不再要求进口商提供进一步的信息。例如，海关以往已对此种关系进行审查，或海关可能已经获得买卖双方的详细信息，并且可能已经通过此种审查或信息确信此种关系并未影响价格。

3．如海关不进行进一步调查即不能接受成交价格，则海关应给予进口商提供海关审查围绕销售的情况所必需的进

一步详细信息的机会。在这方面，海关应准备好审查交易的有关方面，包括买卖双方组织其商业关系的方式和制定所涉价格的方法，以便确定此种关系是否影响价格。如审查表明，虽然根据第15条的规定买卖双方有特殊关系，但双方之间的相互买卖如同无特殊关系一样，则这一点可证明价格并未受到此种关系的影响。例如，如定价方式与所涉产业的正常定价做法相一致或与卖方制定售予与其无特殊关系的买方的价格的方法相一致，则这一点可证明该价格未受此种关系的影响。又如，如证明价格足以收回全部成本力、利润，该利润代表该公司在一代表期内（如按年度计）销售同级别或同种类货物所实现的总利润，则可表明该价格未受影响。

4．第2款（b）项向进口商提供机会，使其能够证明成交价格与海关以往接受的“测试”价格非常接近，因此根据第1条的规定是可接受的。如符合第2款（b）项规定的测试价格，则不必根据第2款（a）项审查影响的问题。如海关已获得充分信息，而不需进行进一步详细调查即可确信第2款（b）项中规定的测试价格之一已经符合，则海关即无理由要求进口商证明可符合该测试价格。在第2款（b）项中，“无特殊关系的买方”指在任何特定情况下与卖方均无特殊关系的买方。

第2款（b）项

在确定一价格是否“非常接近”另一价格时，必须考虑许多因素。这些因素包括进口货物的性质、产业本身的性质、货物进口的季节，以及价格上的差异是否具有商业意义。由于这些因素可因情况不同而不同，无法对每种情况适用一个统一标准，如一固定的百分比。例如，在确定成交价格是否非常接近第10条第2款（b）项中规定的“测试”价格时，在涉及一种货物的情况下价格上的较小差异可能是不可以接受的，而在涉及另一种货物的情况下价格上的较大差异却可能是可以接受的。

关于第2条的注释

1．在适用第2条时，海关只要可能即应使用与被估价货物相同的商业水平销售的、数量实质上相同的相同货物的销售。如不能认定此种销售，则可使用在下列三条件中任何一条件下发生的相同货物的销售：

（a）相同商业水平但数量不同的销售；

（b）不同商业水平但数量实质上相同的销售；或

（c）不同商业水平和数量不同的销售。

2．在认定根据三条件中任何一条件下的销售后，应视情况对下列因素作出调整：

（a）仅对数量因素；

（b）仅对商业水平因素；或

（c）商业水平和数量因素。

3．“和/或”的措辞允许在上述三条件中任何一条件下在使用销售和作出必要调整方面可以有灵活性。

4．就第2条而言，相同进口货物的成交价格指按第1款（b）项和第2款的规定作出调整的、已根据第1条接受的完税价格。

5．由于不同商业水平或不同数量而作出调整的一个条件是：无论此种调整导致价格提高还是降低，只能依据清楚地确定调整的合理性和准确性的明确证据作出，例如包含涉及不同商业水平或不同数量价格的有效价格清单。例如，如被估价进口货物由10个单位的一单货物组成，而惟一存在成

交价格的相同进口货物包含500个单位的销售，并且已知卖方给予数量折扣，则可通过采用卖方的价格清单并使用适用于10个单位的销售的价格完成要求作出的调整。这一点并不要求销售必须是按10个单位进行的，只要该价格清单是按其他数量销售的真实情况制定的即可。但是，如无此种客观标准，则根据第2条的规定确定完税价格是不适当的。

关于第3条的注释

1.在适用第3条时，海关只要可能即应使用与被估价货物相同的商业水平销售的、数量实质上相同的类似货物的销售。如不能认定此种销售，则可使用在下列三条件中任何一条件下发生的类似货物的销售：

(a) 相同商业水平但数量不同的销售；

(b) 不同商业水平但数量实质上相同的销售；或

(c) 不同商业水平和数量不同的销售。

2. 在认定在三条件中任何一条件下的销售后，应视情况对下列因素作出调整：

(a) 仅对数量因素；

(b) 仅对商业水平因素；或

(c) 商业水平和数量因素。

3. “和/或”的措辞允许在上述三条件中任何一条件下在使用销售和作出必要调整方面可以有灵活性。

4. 就第3条而言，类似进口货物的成交价格指按第1款(b)项和第2款的规定作出调整的、已根据第1条接受的完税价格。

5. 由于不同商业水平或不同数量而作出调整的一个条件是：无论此种调整导致价格提高还是降低，只能依据清楚地确定调整的合理性和准确性的明确证据作出，如包含涉及不同商业水平或不同数量价格的有效价格清单。例如，如被估价进口货物由10个单位的一单货物组成，而惟一存在成交价格的类似进口货物涉及500个单位的销售，并且已知卖方给予数量折扣，则可通过采用卖方的价格清单并使用适用于10个单位的销售的价格完成要求作出的调整。这并不要求销售必须是按10个单位进行的，只要该价格清单是按其他数量销售的真实情况制定的即可。但是，如无此种客观标准，则根据第3条的规定确定完税价格是不适当的。

关于第5条的注释

1．“售予……最大总量货物的单位价格”的措辞指在发生此类销售的进口后的第一级商业水平，售予与销售此类货物无特殊关系的人的最大总量单位的价格。

2．例如，货物按照可对较大数量的购买给予优惠单位价格的价格清单销售。

销售量	单位价格	销售笔数	每一价格总销售量
1～10个单位	100	5个单位的10笔 3个单位的5笔	65
11～25个单位	95	11个单位的5笔	55
25个单位以上	90	30个单位的1笔 50个单位的1笔	80

按一价格销售的最大单位总量是80；因此，最大总量的单位价格是90。

3．又如，发生两笔销售。在第一笔销售中按95个货币单位的单位价格出售了500个单位的货物。在第二笔销售中按90个货币单位的价格出售了400个单位的货物。在此例中，按一特定价格出售的最大单位数量是500；因此，最大总量的单位价格是95。

4．再如，下列按不同价格销售的不同数量的情况：

(a) 销售

销售量	单位价格
40个单位	100
30个单位	90
15个单位	100
50个单位	95
25个单位	105
35个单位	90
5个单位	100

(b) 总计

总销售量	单位价格
65	90
50	95
60	100
25	105

在此例中，按一特定价格销售的最大单位总量是65；因此，最大总量的单位价格是90。

5．按以上第1款所述，对于在进口国中直接或间接免费或以降低使用成本供应用于进口货物的生产和销售供出口的、第8条第1款(b)项所列任何要素的人的销售，在确定就第5条而言的单位价格时不应予以考虑。

6．应注意的是，第5条第1款中所指的“利润和一般费用”应作为一个整体对待。用于此种扣除的数字应依据进口商或代表进口商提供的信息确定，除非进口商提供的数字与在进口国销售同级别或同种类进口货物所获得的数字不一致。如进口商的数字与此类数字不一致，则利润和一般费用的金额可依据除进口商或代表进口商提供的有关信息以外的有关信息确定。

7．“一般费用”包括销售所涉货物的直接或间接费用。

8．因销售货物而应付的地方税，如未根据第5条第1款（a）项（iv）目的规定予以扣除，则应根据第5条第1款（a）项（i）目的规定予以扣除。

9．在根据第5条第1款的规定确定佣金或通常的利润和一般费用时，某些货物是否与其他货物属“同级别或同种类”的问题必须参考所涉及的情况逐案予以确定。应审查包括被估价货物的、能够提供必要信息的进口国中范围最窄的一组或一系列同级别或同种类进口货物的销售情况。就第5条而言，“同级别或同种类货物”既包括自与被估货物相同国家进口的货物也包括自其他国家进口的货物。

10．就第5条第1款（b）项而言，“最早日期”应为进口货物或相同或类似进口货物的销售数量达到足以确定单位价格的水平的日期。

11．如使用第5条第2款规定的方法，则对进一步加工增值所作的扣除应根据与此项工作费用有关的客观和可量化的数据。公认的行业准则、制法、施工方法及其他行业惯例可形成计算的依据。

12．各方理解，如作为进一步加工的结果，进口货物失

去其特性，则第5条第2款中规定的估价方法通常不再适用。但是，可能出现的情况是，虽然进口货物失去特性，但是通过加工而增加的价格可以在没有不合理困难的情况下准确确定。另一方面，还有可能出现的情况是，虽然进口货物在加工后保持其特性，但在进口国所销售的货物中形成很小的要素，而使这种估价方法的运用不合理。鉴于以上情况，此类情况中的每一种均应逐案考虑。

关于第6条的说明

1．通常，完税价格根据本协定的规定并依据在进口国中可容易获得的信息予以确定。但是，为确定计算价格，可能需要审查被估价货物的生产成本和需要自进口国外获得的其他信息。此外，在大多数情况下，货物的生产商不属进口国主管机关的管辖范围。计算价格方法的使用一般限于买卖双方有特殊关系、且生产商准备向进口国的主管机关提供必要的概算以及为随后可能需要进行的核实创造条件。

2．第6条第1款（a）项所指的“成本或价值”应依据生产商或代表生产商提供的有关被估价货物生产方面的信息予以确定。应以生产商的商业往来账目为依据，只要此类账目与生产该货物的国家中适用的公认会计原则相一致。

3．“成本或价值”应包括第8条第1款（a）项（ii）目和（iii）目中所列要素的费用。还应包括根据第8条有关注释的规定酌情按比例分摊的：由买方直接或间接供应用于生产进口货物的、第8条第1款（b）项所列任何要素。在进口国中进行的第8条第1款（b）项（iv）目所列要素的价值，只有在记入生产商账目时方可包括在内。各方理解，本款中所指要素的费用或价值在确定计算价格时不得重复计算。

4．第6条第1款（b）项所指的“利润和一般费用的金额”应依据生产商或代表生产商提供的信息确定，除非生产商的数字与出口国中生产商制造供向进口国出口的、与被估价货物同级别或同种类的货物中通常反映的数字不一致。

5．在这方面应当注意的是，“利润和一般费用的金额”必须作为一个整体对待。因此，在任何特定情况下，虽然生产商的利润数字低而生产商的一般费用高，但是生产商的利润和一般费用加在一起仍然与同级别或同种类货物销售中通常反映的数字相一致。例如，一产品在进口国中投放市场，生产商接受零利润或低利润，以抵消与投放市场有关的高额一般费用，则可能发生此种情况。如生产商能够证明由于特殊商业情况而使销售进口货物利润低，则应考虑生产商的实际利润数字，只要生产商有可证明低利润是合理的正当商业理由，且生产商的定价政策可反映有关产业部门通常的定价政策。例如，由于不可预见的需求减少而使生产商被迫临时降低价格，或如果他们销售货物是为补充在进口国生产的一系列货物，接受低利润以保持竞争力，则可能发生此种情况。如生产商自己的利润和一般费用的数字与出口国中生产商制造供向进口国出口的与被估价货物同级别或同种类货物的销售中通常反映的数字不一致，则利润和一般费用金额可依据除生产商或代表生产商提供的信息以外的有关信息。

6．在使用除生产商或代表生产商提供的信息以外的信息确定计算价格的情况下，如进口商提出请求，则进口国主管机关应在遵守第10条规定的前提下，将该信息的来源、使用的数据以及依据该数据所进行的计算通知进口商。

7．第6条第1款（b）项所指的“一般费用”涵盖根据第6条第1款（a）项所未包括的生产和销售供出口货物的直接或间接费用。

8．某些货物是否与其他货物属“同级别或同种类”必须参考所涉及的情况逐案予以确定。在确定第6条规定的通常利润和一般费用时，应审查包括被估价货物的、能够提供必要信息的进口国中范围最窄的一组或一系列同级别或同种类进口货物的销售情况。就第6条而言，“同级别或同种类货物”必须来自与被估价货物相同的国家。

关于第7条的注释

1．根据第7条的规定确定的完税价格应在最大限度内依据以往确定的完税价格。

2．根据第7条使用的估价方法应为第1条至第6条规定的方法，但是在适用此类方法时采取合理的灵活性符合第7条的目的和规定。

3．合理灵活性的部分例子如下：

（a）相同货物——关于相同货物应与被估价货物同时或大致同时出口的要求可以灵活解释；在与被估价货物出口国以外的国家生产的相同进口货物可以作为海关估价的依据；可以使用已根据第5条和第6条的规定确定的相同进口货物的完税价格。

（b）类似货物——关于类似货物应与被估价货物同时或大致同时出口的要求可以灵活解释；在与被估价货物出口国以外的国家生产的类似进口货物可以作为海关估价的依据；可以使用已根据第5条和第6条的规定确定的类似进口货物的完税价格。

（c）扣除法——第5条第1款（a）项中关于货物应按“进口时的状态”销售的要求可以灵活解释；“90天”的要求可以灵活管理。

关于第8条的注释

第1款(a)项(i)目

“购买佣金”一词指进口商向其代理人为代表其在国外购买被估价货物中所提供的服务而支付的费用。

第1款(b)项(ii)目

1．第8条第1款（b）项（ii）目所列要素分摊到进口货物的问题涉及两个因素，即要素本身的价值和价值分摊到进口货物的方式。这些要素的分摊应以适合有关情况的合理方式并依照公认的会计原则进行。

2．关于要素的价值，如进口商以一特定成本自与其无特殊关系的卖方获得该要素，则该要素的价值即为该成本。如该要素由进口商生产或由与其有特殊关系的人生产，则该价值为生产该要素的成本。如该要素以往被进口商使用过，则无论是由进口商获得的还是由其生产的，为获得该要素的价值，需将最初获得或生产该要素的成本向下调整以反映其曾被使用的事实。

3．有关要素的价值一经确定，即有必要将该价值分摊到进口货物中。这方面存在多种可能性。例如，进口商希望一次性支付全部价值的税款，则该价值可分摊到第一批装运货物中。又如，进口商可要求将该价值分摊至直至第一批装运货物发运时已生产的单位数量中。再如，进口商可要求将价值分摊到对生产订有合同或有确切承诺的全部预计生产中。所使用的分摊方法将取决于进口商所提供的单证。

4．作为上述内容的例子，一进口商向生产商提供了一件用于生产进口货物的模具，并与生产商订立了购买10,000个单位进口货物的合同。到第一批1000个单位的装运物货物

到货时，生产商已生产了4000个单位的产品。进口商可要求海关将该模具的价值分摊到1000个单位、 4000个单位或10,000个单位中。

第1款(b)项（iv）目

1．第8条第1款（b）项（iv）目中所列增加要素应以客观和可量化的数据为依据。为将进口商和海关在确定应增加价值方面的负担减少到最小程度，应尽可能使用买方商业记录系统中的可容易获得的数据。

2．对于由买方提供的、买方购买或租赁的要素，增加的要素即为购买或租赁的成本。对于在公共范围内可获得的要素均不得增加，但获得这些要素复制品的费用除外。

3．计算应加入价值的难易程度取决于一特定公司的体制、管理惯例以及其会计方法。

4．例如，自几个国家进口多种产品的一公司可能保存其在进口国以外的设计中心的记录，从而可以准确表明可归因于一特定产品的费用。在此类情况下，可根据第8条的规定适当作出直接调整。

5．在另一种情况下，一公司可将进口国以外的设计中心的费用作为公司一般管理费用记账，而不分摊到具体产品。在这种情况下，可根据第8条的规定，通过将设计中心总费用分摊到从该设计中已获益的全部生产并按单位基数将所分摊的费用加入进口产品中，从而对进口产品作出调整。

6．当然，以上情况的变化在确定适当分摊方法时需要考虑不同的因素。

7．如所涉要素的生产涉及许多国家并发生在一段时间内，则调整应限于在进口国以外实际增加至该项要素中的价值。

第1款（c）项

1．第8条第1款（c）项所指的特许权使用费和许可费，可特别包括对专利、商标和版权所支付的费用。但是，在进口国中复制进口货物的权利所需的费用不得计入进口货物的实付或应付价格。

2．买方为获得进口货物分销或转售权利而支付的费用不得计入进口货物实付或应付价格，如此类支付不构成进口货物向进口国销售供出口的条件。

第3款

如对于根据第8条的规定需要增加的要素不存在客观和可量化的数据，则成交价格不能根据第1条的规定确定。例如，一特许权费是按一特定产品在进口国以升为单位销售的价格支付的，而该产品是按公斤进口的，进口后被制成溶液。如特许权使用费部分依据进口货物，部分依据与进口货无关的其他因素（例如，进口货与国产成分混合而无法分辨，或特许权费无法与买卖双方之间的特殊财务安排区分开来），则试图增加特许权使用费是不适当的。但是，如该项特许权费的金额仅依据进口货物，并且容易量化，则可计入实付或应付价格。

关于第9条的注释

就第9条而言，“进口时间”可包括为申报进口的时间。

关于第11条的注释

1．第11条规定进口商有权就海关对被估价货物所作的估价确定进行上诉。上诉可首先向上一级海关提出，但进口商最后有权向司法机关起诉。

2．“不受处罚”指不得仅因为进口商选择行使上诉权而对其罚款或威胁进行罚款。支付正常的诉讼费用和律师费用不得视为罚款。

3．但是，第11条的任何规定不得阻止一成员要求在上诉前全额缴纳海关已估定的税款。

关于第15条的注释

第4款

就第15条而言，“人”一词，在适当时，包括法人。

第4款(e)项

就本协定而言，如一人在法律上或经营上处于限制和指导另一个的地位，则前者应被视为控制后者。

附件2　海关估价技术委员会

1．依照本协定第18条的规定，应在海关合作理事会主持下设立技术委员会，以期在技术级保证统一解释和适用本协定。

2．技术委员会的职责应包括下列内容：

(a) 审查各成员在海关估价制度的日常管理中产生的具体技术问题，并依据提出的事实就适当的解决办法提供咨询意见；

(b) 按请求，研究与本协定有关的估价法律、程序和做法，并就此类研究的结果准备报告；

（c）就本协定的运用和法律地位的技术方面制定和散发年度报告；

（d）就任何成员或委员会可能要求的、就有关进口货物海关估价的任何事项提供信息和建议。此类信息和建议可采取咨询意见、评论或解释性说明的形式；

（e）按请求，便利对各成员的技术援助，以期促进本协定的国际接受；

（f）对专家组根据本协定第19条向其提交的事项进行审查；以及

（g）行使委员会可能指定的其他职责。

总　则

3．技术委员会应努力尝试在合理的较短时间内完成有关具体问题的工作，特别是各成员、委员会或专家组向其提交的工作。按第19条第4款的规定，专家组应规定接收技术委员会报告的具体时限，技术委员会应在此时限内提交其报告。

4．技术委员会的活动应酌情得到海关合作理事会秘书处的协助。

代　表

5．每一成员均应有权派代表参加技术委员会。每一成员可指派一名代表和一名或多名副代表作为其在技术委员会的代表。在技术委员会依此代表的成员在本附件中称为“技术委员会成员”。技术委员会成员的代表可由顾问协助工作。WTO秘书处也可以观察员身份参加此类会议。

6．非WTO成员的CCC成员在技术委员会会议上可由一名代表和一名或多名副代表代表。此类代表应以观察员身份参加技术委员会的会议。

7．在需经技术委员会主席同意的前提下，CCC秘书长（在本附件中称“秘书长”）可邀请既不是WTO成员也不是CCC成员的政府、国际政府和贸易组织的代表以观察员身份出席技术委员会会议。

8．技术委员会会议的代表、副代表和顾问的提名应通知秘书长。

技术委员会会谈

9．技术委员会应视需要召开会议，但每年至少2次。每次会议的日期应由技术委员会在上次会议上决定。在技术委员会任何成员提出请求下并经技术委员会成员以简单多数通过，或在需要紧急关注的情况下经主席请求，可以改变会议日期。尽管有本款第一句的规定，但是技术委员会应在需要时召开会议，以审议由专家组根据本协定第19条的规定向其提交的事项。

10．技术委员会的会议应在CCC总部召开，除非另有决定。

11．秘书长应至少提前30天将技术委员会的每届会议的召开日期通知技术委员会全体成员及第6款和第7款下包括的成员，紧急情况除外。

议　程

12．每届会议的临时议程应由秘书长制定，并至少在每届会议前30天通知技术委员会全体成员及第6款和第7款下包括的成员，紧急情况除外。议程应包括已经上届会议中技术委员会批准包括在内的所有议题、主席自行提出包括在内的所有议题以及秘书长、委员会或技术委员会的任何成员要求包括在内的所有议题。

13. 技术委员会应在每届会议召开时确定其议程。在会议期间，技术委员会可随时改变议程。

官员和议事规则

14. 技术委员会应自其成员代表中选举一名主席、一名或多名副主席。主席和副主席的任期为1年。任期届满的主席和副主席有资格再次参选。不再代表技术委员会一成员的主席或副主席，其授权应自行终止。

15. 如主席未出席任何会议或其中的一部分，则会议应由一副主席主持。在此种情况下，后者应拥有与主席相同的权力和职责。

16. 会议主席应以主席身份而不以技术委员会一成员代表的身份参加技术委员会的会议议事。

17. 除行使这些规则所授予主席的其他权力外，主席还应宣布每次会议的开幕和闭幕、指导讨论、给予发言权，并按照这些规则控制会议议事。如一发言人的评论与所议事项无关，则主席也可要求其遵守秩序。

18. 在任何事项的讨论中，一代表可提出关于议事程序的问题。在这种情况下，主席应立即宣布裁决。如这一裁决受到质疑，则主席应将其提交会议作出决定，除非被否决，否则裁决有效。

19. 秘书长或由秘书长指定的CCC秘书处官员应履行技术委员会会议的秘书工作。

法定人数和投票

20．技术委员会成员简单多数的代表构成法定人数。

21．技术委员会的每一成员拥有一票。技术委员会的决定应经出席会议成员的至少2/3多数作出。无论就一特定事项的表决结果如何，技术委员会有权向委员会和CCC就该事项作出全面报告，表明在有关讨论中表达的不同意见。尽管有本款的以上规定，但是对于专家组提交的事项，技术委员会应经协商一致作出决定。如技术委员会未能就专家组提交的事项达成一致，则技术委员会应提交一份报告，详述该事项的事实，并表明各成员的意见。

语言和记录

22．技术委员会的正式语言为英语、法语和西班牙语。使用三种语文中的任何一种所作的发言或声明应立即译成其他正式语言，除非所有代表团均同意无需进行翻译。使用任何其他语言所作的发言或声明均应在遵守相同条件的前提下，译成英语、法语和西班牙语，但在这种情况下，有关代表团应提供英语、法语或西班牙语的译文。技术委员会的正式文件只使用英语、法语和西班牙语。供技术委员会审议的备忘录和信函必须以正式语文之一提交。

23．技术委员会对所有会议均应起草报告，且如果主席认为必要，还应起草会议的记录或简要记录。主席或主席指定人员应在委员会和CCC会的每次会议上就技术委员会的工作进行报告。

附件3

1．第20条第1款关于发展中国家成员推迟5年适用本协定的规定在实践中对某些发展中国家成员可能是不够的。在此类情况下，发展中国家成员可以在第20条第1款所指的期限结束之前提出延长该期限的请求，各方理解，在所涉发展中国家成员能够提出正当理由的情况下，各成员将对此种请求给予积极考虑。

2．目前根据官方最低限价对货物进行估价的发展中国家可能希望提出保留，以使其能够按各成员议定的条款和条件在有限和过渡性的基础上保留此类价格。

3．认为本协定第4条关于应进口商请求颠倒顺序的规定可能带来真正困难的发展中国家，可能希望按下列条件对第4条提出保留：

"……政府保留作出如下规定的权利：即只有在海关同意关于颠倒第5条和第6条顺序的请求时，本协定第4条的有关规定方可适用。"

如发展中国家提出此种保留，各成员应根据本协定第21条的规定予以同意。

4．发展中国家可能希望按下列条件对本协定第5条第2款提出保留：

"……政府保留作出如下规定的权利：即无论进口商是否提出请求，本协定第5条第2款的规定应依照该款有关注释的规定适用。"

如发展中国家提出此种保留，各成员应根据本协定第21条的规定予以同意。

5．某些发展中国家在实施本协定第1条的过程中，在独家代理人、独家经销人和独家受让人对其国家进口方面可能

出现问题。如适用本协定的发展中国家成员在实践中出现此类问题，则在此类成员请求下，应对这一问题进行研究，以期找到适当的解决办法。

6．第17条认识到，在适用本协定时，海关可能需要对为海关估价目的而向其呈验的任何陈述、单证或申报的真实性和准确性进行调查。该条因此认可可以进行调查，例如，为核实与确定完税价格有关的申报或呈验的价格要素是否完整和正确而进行调查。各成员在遵守各自国家的法律和程序的前提下，有权期望进口商在这些调查中进行全面合作。

7．实付或应付价格包括作为销售进口货物的条件由买方向卖人、成为履行卖方的义务而由买方向第三方实付或应付的全部款项。

附录2

中华人民共和国海关审定进出口货物完税价格办法

第一章 总 则

第一条 为了正确审定进出口货物的完税价格，根据《中华人民共和国海关法》和《中华人民共和国进出口关税条例》及其他有关法律、行政法规的规定，制定本办法。

第二条 海关应当遵循客观、公平、统一的估价原则，依据本办法审定进出口货物的完税价格。

第二章 进口货物的完税价格

第三条 进口货物的完税价格，由海关以该货物的成交价格为基础审查确定，并应当包括货物运抵中华人民共和国境内输入地点起卸前的运输及其相关费用、保险费。

进口货物的成交价格是指买方为购买该货物，并按照本办法第四条、第五条的规定调整后的实付或应付价格。

进口货物的成交价格应当符合下列要求：

（一）买方对进口货物的处置或使用不受限制，但国内法律、行政法规规定的限制、对货物转售地域的限制、对货物价格无实质影响的限制除外；

（二）货物的价格不得受到使该货物成交价格无法确定的条件或因素的影响；

（三）卖方不得直接或间接获得因买方转售、处置或使用进口货物而产生的任何收益，除非能够按照本办法第四条的规定作出调整；

（四）买卖双方之间没有特殊关系。如果有特殊关系，应当符合本办法第六条的规定。

第四条 在确定进口货物的完税价格时，下列费用或价值应当计入：

（一）由买方负担的以下费用：

1．除购货佣金以外的佣金和经纪费；

2．与该货物视为一体的容器费用；

3．包装材料和包装劳务费用。

（二）可以按照适当比例分摊的，由买方直接或间接免费提供或以低于成本价方式销售给卖方或有关方的下列货物或服务的价值：

1. 该货物包含的材料、部件、零件和类似货物；

2. 在生产该货物过程中使用的工具、模具和类似货物；

3. 在生产该货物过程中消耗的材料；

4. 在境外进行的为生产该货物所需的工程设计、技术研发、工艺及制图等。

（三）与该货物有关并作为卖方向中华人民共和国销售该货物的一项条件，应当由买方直接或间接支付的特许权使用费。

（四）卖方直接或间接从买方对该货物进口后转售、处置或使用所得中获得的收益。

前款所述的费用或价值，应当由进口货物的收货人向海关提供客观量化的数据资料。如果没有客观量化的数据资料，完税价格由海关按照本办法第七条至第十一条的规定估定。

第五条 在确定进口货物的完税价格时，下列费用如果单独列明，不得计入：

（一）厂房、机械、设备等货物进口后的基建、安装、装配、维修和技术服务的费用；

（二）货物运抵境内输入地点之后的运输费用；

（三）进口关税及其他国内税。

第六条　买卖双方之间有特殊关系的，经海关审定其特殊关系未对成交价格产生影响，或进口货物的收货人能证明其成交价格与同时或大约同时发生的下列任一价格相近，该成交价格海关应当接受：

（一）向境内无特殊关系的买方出售的相同或类似货物的成交价格；

（二）按照本办法第九条的规定所确定的相同或类似货物的完税价格；

（三）按照本办法第十条的规定所确定的相同或类似货物的完税价格。

海关在使用前款价格作比较时，应当考虑商业水平和进口数量的不同，以及本办法第四条、第五条所列各项目和交易中买卖双方有无特殊关系造成的费用差异。

第七条　进口货物的完税价格不能按照本办法第三条的规定确定时，海关应当依次使用下列方法估定完税价格：

（一）相同货物成交价格方法；

（二）类似货物成交价格方法；

（三）倒扣价格方法；

（四）计算价格方法；

（五）合理方法。

如果进口货物的收货人提出要求，并提供相关资料，经海关同意，可以选择倒扣价格方法和计算价格方法的适用次序。

第八条　海关在使用相同或类似货物成交价格方法时，应当以与被估的进口货物同时或大约同时进口的相同或类似货物的成交价格为基础估定完税价格。

按照前款的规定估定进口货物的完税价格时，应当使用与该货物相同商业水平且进口数量基本一致的相同或类似货物的成交价格。但应当以客观量化的数据资料对该货物与相同或类似货物之间由于运输距离和运输方式不同而在成本和其他费用方面产生的差异进行调整。

在没有前款所述的相同或类似货物的成交价格的情况下，可以使用不同商业水平或不同进口数量的相同或类似货物的成交价格，但应当以客观量化的数据资料对因商业水平、进口数量、运输距离和运输方式不同而在价格、成本和其他费用方面产生的差异作出调整。

按照本条的规定估定进口货物的完税价格时，应当首先使用同一生产商生产的相同或类似货物的成交价格，只有在没有同一生产商生产的相同或类似货物的成交价格的情况下，才可以使用同一生产国或地区生产的相同或类似货物的成交价格。

如果有多个相同或类似货物的成交价格，应当以最低的成交价格为基础估定进口货物的完税价格。

第九条　海关在使用倒扣价格方法时，应当以被估的进口货物、相同或类似进口货物在境内销售的价格为基础估定完税价格，按该价格销售的货物应当同时符合下列条件：

（一）在被估货物进口时或大约同时销售；

（二）按照进口时的状态销售；

（三）在境内第一环节销售；

（四）合计的货物销售总量最大；

（五）向境内无特殊关系方的销售。

按照前款的规定估定进口货物的完税价格时，下列各项应当扣除：

（一）该货物的同等级或同种类货物在境内销售时的利润和一般费用及通常支付的佣金；

（二）货物运抵境内输入地点之后的运费、保险费、装卸费及其他相关费用；

（三）进口关税、进口环节税和其他与进口或销售上述货物有关的国内税。

按照本条第一、二款的规定估定进口货物的完税价格时，如果被估的进口货物、相同或类似进口货物没有在被估货物进口时或大约同时在境内销售，可以在符合本条第一款规定的其他条件下，将在境内销售的时间延长至海关接受被估货物申报之日起的90天内。

如果被估的进口货物、相同或类似进口货物没有按照进口时的状态在境内销售，应进口货物的收货人的要求，可以在符合本条第一款规定的其他条件下，使用经进一步加工后的货物的销售价格估定完税价格，但加工增值额也应当同时扣除。

按照本条的规定确定扣除的项目时，应当使用与国内公认的会计原则相一致的原则和方法。

第十条 海关在使用计算价格方法时，应当以下列各项的总和估定进口货物的完税价格：

（一）生产该货物所使用的原材料价值和进行装配或其他加工的费用；

（二）与向境内出口销售同等级或同种类货物的利润和一般费用相符的利润和一般费用；

（三）货物运抵境内输入地点起卸前的运输及相关费用、保险费。

按照前款的规定估定进口货物的完税价格时，海关在征得境外生产商同意并提前通知有关国家或地区政府后，可以在境外核实该企业提供的有关资料。

按照本条第一款的规定确定有关价值或费用时，应当使用与生产国公认的会计原则相一致的原则和方法。

第十一条　海关在使用合理方法时，应当根据本办法的估价原则，以在境内获得的数据资料为基础估定进口货物的完税价格，但不得使用以下价格：

（一）境内生产的货物在境内的销售价格；

（二）可供选择的价格中较高的价格；

（三）货物在出口地市场的销售价格；

（四）以本办法第十条第一款规定之外的价值或费用计算的价格；

（五）出口到第三国或地区的货物的销售价格；

（六）最低限价或武断、虚构的价格。

第三章　特殊进口货物的完税价格

第十二条　加工贸易进口料件及其制成品需征税或内销补税的，海关按照本办法第二章的规定审定完税价格。其中：

（一）进口时需征税的进料加工进口料件，以该料件申报进口时的价格估定；

（二）内销的进料加工进口料件或其制成品（包括残次品、副产品），以料件原进口时的价格估定。

（三）内销的来料加工进口料件或其制成品（包括残次品、副产品），以料件申报内销时的价格估定；

（四）出口加工区内的加工企业内销的制成品（包括残

次品、副产品），以制成品申报内销时的价格估定。

（五）保税区内的加工企业内销的进口料件或其制成品（包括残次品、副产品），分别以料件或制成品申报内销时的价格估定。如果内销的制成品中含有从境内采购的料件，则以所含从境外购入的料件原进口时的价格估定。

（六）加工贸易加工过程中产生的边角料，以申报内销时的价格估定。

第十三条 从保税区或出口加工区销往区外、从保税仓库出库内销的进口货物（加工贸易进口料件及其制成品除外），以海关审定的从保税区或出口加工区销往区外、从保税仓库出库内销的价格估定完税价格。对经审核销售价格不能确定的，海关应当按照本办法第七条至第十一条的规定估定完税价格。

如果前款所述的销售价格中未包括在保税区、出口加工区或保税仓库中发生的仓储、运输及其他相关费用的，应当按照客观量化的数据资料予以计入。

第十四条 运往境外修理的机械器具、运输工具或其他货物，出境时已向海关报明，并在海关规定期限内复运进境的，应当以海关审定的境外修理费和料件费以及该货物复运进境的运输及其相关费用、保险费估定完税价格。

第十五条 运往境外加工的货物，出境时已向海关报明，并在海关规定期限内复运进境的，应当以海关审定的境外加工费和料件费以及该货物复运进境的运输及其相关费用、保险费估定完税价格。

第十六条 对于经海关批准的暂时进境的货物，应当按照本办法第七条至第十一条的规定估定完税价格。

第十七条 租赁方式进口的货物，按照下列方法估定完税价格：

（一）以租金方式对外支付的租赁货物在租赁期间以海关审定的租金作为完税价格；

（二）留购的租赁货物以海关审定的留购价格作为完税价格。

（三）承租人申请一次性缴纳税款的，经海关同意，按照本办法第二章的规定估定完税价格；

第十八条 对于境内留购的进口货样、展览品和广告陈列品，以海关审定的留购价格作为完税价格。

第十九条 减税或免税进口的货物需予补税时，应当以海关审定的该货物原进口时的价格，扣除折旧部分价值作为完税价格，其计算公式如下：

$$完税价格=海关审定的该货物原进口时的价格\times\left(1-\frac{申请补税时实际已使用的时间(月)}{监管年限\times 12}\right)。$$

第二十条 以易货贸易、寄售、捐赠、赠送等其他方式进口的货物，应当按照本办法第七条至第十一条的规定估定完税价格。

第四章 出口货物的完税价格

第二十一条 出口货物的完税价格由海关以该货物向境外销售的成交价格为基础审查确定，并应包括货物运至中华人民共和国境内输出地点装载前的运输及其相关费用、保险费，但其中包含的出口关税税额，应当扣除。

出口货物的成交价格是指该货物出口销售到中华人民共和国境外时买方向卖方实付或应付的价格。

第二十二条 出口货物的成交价格不能确定时，完税价格由海关依次使用下列方法估定：

（一）同时或大约同时向同一国家或地区出口的相同货物的成交价格；

（二）同时或大约同时向同一国家或地区出口的类似货物的成交价格；

（三）根据境内生产相同或类似货物的成本、利润和一般费用、境内发生的运输及其相关费用、保险费计算所得的价格；

（四）按照合理方法估定的价格。

第二十三条 出口货物的成交价格中含有支付给境外的佣金的，如果单独列明，应当扣除。

第五章 进出口货物完税价格中的运输及其相关费用、保险费的计算

第二十四条 进口货物的运输及其相关费用、保险费应当按照下列方法计算：

（一）海运进口货物，计算至该货物运抵境内的卸货口岸，如果该货物的卸货口岸是内河（江）口岸，则应当计算至内河（江）口岸；

（二）陆运进口货物，计算至该货物运抵境内的第一口岸。如果运输及其相关费用、保险费支付至目的地口岸，则计算至目的地口岸。

（三）空运进口货物，计算至该货物运抵境内的第一口岸。如果该货物的目的地为境内的第一口岸外的其他口岸，则计算至目的地口岸。

第二十五条 陆运、空运和海运进口货物的运费，应当按照实际支付的费用计算。如果进口货物的运费无法确定或

未实际发生，海关应当按照该货物进口同期运输行业公布的运费率（额）计算。

第二十六条 陆运、空运和海运进口货物的保险费，应当按照实际支付的费用计算。如果进口货物的保险费无法确定或未实际发生，海关应当按照“货价加运费”两者总额的3‰计算保险费。

第二十七条 邮运的进口货物，应当以邮费作为运输及其相关费用、保险费。

第二十八条 以境外边境口岸价格条件成交的铁路或公路运输进口货物，海关应当按照货价的1%计算运输及其相关费用、保险费。

第二十九条 作为进口货物的自驾进口的运输工具，海关在审定完税价格时，可以不另行计入运费。

第三十条 出口货物的销售价格如果包括离境口岸至境外口岸之间的运费、保险费的，该运费、保险费应当扣除。

第六章 完税价格的审定

第三十一条 进出口货物的收发货人应当向海关如实申报进出口货物的成交价格，提供包括发票、合同、装箱清单及其他证明申报价格真实、完整的单证、书面资料和电子数据。海关认为必要时，进出口货物的收发货人还应当向海关补充申报反映买卖双方关系和成交活动的情况，以及其他与成交价格有关的资料。

第三十二条 海关为审查申报价格的真实性和准确性，可以行使下列职权：

（一）查阅、复制与进出口货物有关的合同、发票、账册、结付汇凭证、单据、业务函电和其他反映买卖双方关系及交易活动的书面资料和电子数据；

（二）向进出口货物的收发货人及与其有资金往来或有其他业务往来的公司、企业调查与进出口货物价格有关的问题；

（三）对进出口货物进行查验或提取货样进行检验或化验；

（四）进入进出口货物收发货人的生产经营场所、货物存放场所，检查与进出口活动有关的货物和生产经营情况；

（五）向有关金融机构或税务部门查询了解与进出口货物有关的收付汇资料或缴纳国内税的情况。

海关在行使前款规定的各项职权进行价格核查时，进出口货物的收发货人及有关单位、部门应当如实反映情况，提供账簿、单证等有关书面资料和电子数据，不得拒绝、拖延和隐瞒。

第三十三条 海关对申报价格的真实性或准确性有疑问时，应当书面将怀疑的理由告知进出口货物的收发货人，要求其以书面形式作进一步说明，提供相关资料或其他证据，证明其申报价格是真实、准确的。自海关书面通知发出之日起15日内，进出口货物的收发货人未能提供进一步说明，或海关审核所提供的资料或证据后仍有理由怀疑申报价格的真实性或准确性时，海关可以不接受其申报价格，并按照本办法第七条至第十一条或第二十二条的规定估定完税价格。

第三十四条 海关有理由认为买卖双方之间的特殊关系影响成交价格时，应当书面将理由告知进口货物的收货人，要求其以书面形式作进一步说明，提供相关资料或其他证据，证明双方之间的关系未影响成交价格。自海关书面通知发出之日起15日内，进口货物的收货人未能提供进一步说明，或海关审核所提供的资料或证据后仍有理由认为买卖双

方之间的关系影响成交价格时，海关可以不接受其申报价格，并按照本办法第七条至第十一条的规定估定完税价格。

第三十五条 海关不接受申报价格按照本办法第八条或第二十二条第一款（一）、（二）项的规定估定完税价格时，为获得合适的相同或类似进出口货物的成交价格，可以与进出口货物的收发货人进行价格磋商。

第三十六条 进出口货物的收发货人可以提出书面申请，要求海关就如何确定其进出口货物的完税价格作出书面说明。

第三十七条 海关为确定进出口货物的完税价格需要推迟作出估价决定时，进出口货物的收发货人可以在依法向海关提供担保后，先行提取货物。

海关对于实行担保放行的货物，应当自具保之日起90天内核查完毕，并将核查结果通知进出口货物的收发货人。

第三十八条 海关对于买方、卖方或贸易相关方提供的属于商业秘密的资料予以保密。

第三十九条 进出口货物的收发货人对海关的估价决定有异议时，可以依照《中华人民共和国海关法》、《中华人民共和国进出口关税条例》的有关规定申请复议。

第七章 法律责任

第四十条 违反本办法规定的，由海关依照《中华人民共和国海关法》和《中华人民共和国海关法行政处罚实施细则》的规定处理；构成犯罪的，应当移交司法机关，依法追究刑事责任。

第八章　附　则

第四十一条　本办法下列用语的含义是：

“境内”，指中华人民共和国海关关境内。

“实付或应付价格”，指买方为购买进口货物直接或间接支付的总额，即作为卖方销售进口货物的条件，由买方向卖方或为履行卖方义务向第三方已经支付或将要支付的全部款项。

“购货佣金”，指买方为购买进口货物向自己的采购代理人支付的劳务费用。

“经纪费”，指买方为购买进口货物向代表买卖双方利益的经纪人支付的劳务费用。

“特许权使用费”，指买方为获得与进口货物相关的、受著作权保护的作品、专利、商标、专有技术和其他权利的使用许可而支付的费用。但是在估定完税价格时，进口货物在境内的复制权费不得计入该货物的实付或应付价格之中。

“相同货物”，指与进口货物在同一国家或地区生产的，在物理性质、质量和信誉等所有方面都相同的货物，但表面的微小差异允许存在。

“类似货物”，指与进口货物在同一国家或地区生产的，虽然不是在所有方面都相同，但却具有相似的特征，相似的组成材料，同样的功能，并且在商业中可以互换的货物。

“大约同时”，指在海关接受被估的进口货物申报进口之日的前后各45天以内。

“公认的会计原则”，指在有关国家会计核算工作中普遍遵循的原则性规范和会计核算业务的处理方法。包括对货物价值认定有关的权责发生制原则、配比原则、历史成本原则、划分收益性与资本性支出原则等。

第四十二条 有下列情形之一的，应当认定买卖双方有特殊关系：

（一）买卖双方为同一家族成员；

（二）买卖双方互为商业上的高级职员或董事；

（三）一方直接或间接地受另一方控制；

（四）买卖双方都直接或间接地受第三方控制；

（五）买卖双方共同直接或间接地控制第三方；

（六）一方直接或间接地拥有、控制或持有对方5%或以上公开发行的有表决权的股票或股份；

（七）一方是另一方的雇员、高级职员或董事；

（八）买卖双方是同一合伙的成员。

买卖双方在经营上相互有联系，一方是另一方的独家代理、经销或受让人，如果符合前款的规定，也应当视为有特殊关系。

第四十三条 本办法第九条所称“利润和一般费用”应当根据进口货物的收货人提供的资料来确定。如果进口货物的收货人的利润和一般费用与在境内销售的同等级或同种类货物的利润和一般费用不一致的，应当根据在境内销售的同等级或同种类货物的利润和一般费用来确定。

“一般费用”包括有关货物销售的直接和间接费用。

“加工增值额”应当依据与加工成本有关的客观量化数据资料、该行业公认的标准、计算方法及其他的行业惯例计算。

第四十四条 本办法第十条所称“原材料价值和进行装配或其他加工的费用”应当根据境外生产商提供的有关生产进口货物的账册为基础确定。

“利润和一般费用”应当根据境外生产商提供的资料来

确定。如果该资料所反映的数据与其他生产商向境内出口销售的同等级或同种类货物的数据不一致时，海关可以使用其他资料来确定。

“一般费用”包括有关货物的生产和销售的直接和间接费用。

第四十五条　准许进口的进境旅客行李物品、个人邮递物品及其他个人自用物品的完税价格和涉嫌走私的进出口货物、物品的计税价格的核定不适用本办法，其办法由海关总署另行制定。

第四十六条　本办法由海关总署负责解释。

第四十七条　本办法自2002年1月1日起实施。1992年9月1日起实施的《中华人民共和国海关审定进出口货物完税价格办法》和1999年10月1日起实施的《中华人民共和国海关审定加工贸易进口货物完税价格办法》同时废止。

附录3

中华人民共和国海关关于进口货物特许权使用费估价办法

第一条　为规范进口货物特许权使用费的海关估价，根据《中华人民共和国海关法》和《中华人民共和国海关进出口关税条例》，特制定本办法。

第二条　本办法所称特许权使用费，是指进口货物的买方为获得使用专利、商标、专有技术、享有著作权的作品和其他权利的许可而支付的费用，包括：

（一）　专利权使用费；

（二）　商标权使用费；

（三）　著作权使用费；

（四）　专有技术使用费；

（五）　分销或转售权费；

（六）　其他类似费用。

第三条　同时符合以下条件的特许权使用费应当计入进口货物的完税价格：

（一）与进口货物有关；

（二）费用的支付作为卖方出口销售该货物到中华人民共和国关境内的条件。

第四条　符合本办法第五条至第八条规定的特许权使用费，应当视为与进口货物有关。

第五条　特许权使用费是用于支付专利权或专有技术使用权，且进口货物属于下列情形之一的：

（一）含有专利或专有技术的货物；

（二）使用专利方法或专有技术生产的货物；

（三）为实施专利或专有技术而专门设计或制造的机器、设备。

专利、专有技术以磁带、磁盘、光盘或其他类似介质形式进口的，或通过网络、卫星等方式下载或传输的，应当认定与前款进口货物有关。

第六条 特许权使用费是用于支付商标权，且进口货物属于下列情形之一的：

（一）附有商标的进口货物；

（二）进口后附上商标直接可以转售的进口货物；

（三）进口时已含有商标权，经过轻度加工后附上商标即可转售的货物。

第七条 特许权使用费是用于支付著作权，且进口货物属于下列情形之一的：

（一）含有软件、文字、乐曲、图片、图像或其他类似内容的进口货物，包括磁带、磁盘、光盘或其他类似介质的形式；

（二）含有其他享有著作权内容的进口货物。

第八条 特许权使用费是用于支付进口货物的卖方所拥有的在中华人民共和国关境内的分销权、转售权或其他类似权利，且进口货物属于下列情形之一的：

（一）进口后可以直接销售的货物；

（二）经过轻度加工即可转售的货物。

第九条 特许权使用费的支付构成进口货物的卖方向中华人民共和国关境内销售该货物的前提条件，即买方未支付上述费用则该货物不可能以合同议定的条件成交的，为符合本办法第三条第（二）项规定的条件。

第十条 计入完税价格的特许权使用费应当按照该进口

货物适用的税率征税。

第十一条 收货人在向海关申报进口货物的同时，应当如实向海关申报以各种方式支付的特许权使用费的情况，并同时提供客观可量化的数据资料。

收货人支付的特许权使用费符合本办法第三条规定的，应当计入进口货物的完税价格，海关应当依据客观可量化的数据资料对特许权使用费进行审定，并确定进口货物的完税价格；收货人无法提供相关的数据资料，或收货人提供的数据资料无法进行客观量化的，海关应当依据《中华人民共和国海关审定进出口货物完税价格办法》的规定估定进口货物的完税价格。

收货人提供证据证明特许权使用费不符合本办法第三条规定的，经海关审查确认后，不计入进口货物的完税价格。收货人申报的完税价格中已经包含该项特许权使用费的，应当予以扣除；收货人申报的特许权使用费未单独列明，且海关依据收货人提供的数据资料无法确定的，不予扣除。

第十二条 收货人支付的全部特许权使用费只有部分权利的费用符合本办法第三条规定，或收货人支付的符合本办法第三条规定的特许权使用费只涉及部分进口货物的，海关应当根据客观可量化的标准、公认的会计原则进行合理计算，并将有关部分的特许权使用费计入该进口货物的完税价格。

第十三条 进口货物涉及的下列费用属于单独列明的，经海关审查确认后，不计入进口货物的完税价格：

（一）为在境内复制进口货物而支付的费用；

（二）技术培训及境外考察费用。

收货人申报的完税价格中已经包含上述费用的，应当予以扣除；上述费用未单独列明的，且海关依据收货人提供的数据资料无法确定的，不予扣除。

第十四条 进口货物的收货人违反规定，未如实申报或伪报、瞒报特许权使用费的，海关将依照《中华人民共和国海关法》和《中华人民共和国海关法行政处罚实施细则》予以处罚；构成犯罪的，依法追究刑事责任。

第十五条 本办法下列术语的含义：

本办法所称“费用的支付”是指买方以各种方式支付的全部特许权使用费，包括实付和应付。

本办法所称“软件”，是指《计算机软件保护条例》规定的数据处理设备使用的程序或文档。

本办法所称“专有技术”，是指以图纸、模型、技术资料和规范等形式体现的尚未公开的工艺流程、配方、产品设计、质量控制、检测以及营销管理等方面的知识、经验、方法和诀窍等。

本办法所称“技术培训费用”，是指基于卖方或与卖方有关的第三方对买方派出的技术人员进行与进口货物有关的技术指导，进口货物的买方支付的培训师资及人员的教学、食宿、交通、医疗保险等其他费用。

本办法所称“轻度加工”是指稀释、混合、分类、简单装配、再包装或其他类似加工。

第十六条 本办法由海关总署负责解释。

第十七条 本办法自2003年7月1日起施行。1993年1月8日发布的《中华人民共和国海关关于进口货物软件费征免税暂行办法》同时废止。

附录4

中华人民共和国海关总署
公　告

（2003年第66号）

为规范进口供数据处理设备用载有软件的介质（以下简称介质）的海关估价工作，根据《中华人民共和国海关审定进出口货物完税价格办法》（以下简称《办法》），现将海关对介质的估价规定公告如下：

一、海关按《办法》审查确定介质的完税价格时，如介质本身的价值或成本与所载软件的价值分列，所载软件的价值不予计入。

介质本身的价值或成本与所载软件的价值虽未分列，但进口人能够提供介质本身的价值或成本的证明文件，或能提供所载软件价值的证明文件，也适用前款规定。

二、海关审定介质完税价格时涉及特许权使用费的，按《办法》审查确定。

三、本公告所指的介质是指《中华人民共和国海关进出口税则》中税则号85.24项下的商品。

四、本公告所指软件是《计算机软件保护条例》规定的用于数据处理设备的程序和文档，不包括美术、摄影、声像、录像、影视、游戏等电子制品及电子出版物。

五、本公告自二〇〇三年十二月十一日起施行。

特此公告。

二〇〇三年十二月三日

附录5

中华人民共和国海关总署
公 告

（2003年第67号）

为规范进口货物完税价格中所涉利息费用的海关估价，根据《中华人民共和国海关审定进出口货物完税价格办法》（以下简称《办法》），现公告如下：

一、海关按《办法》审查确定进口货物的完税价格时，同时符合下列条件的利息费用不予计入：

（一）利息费用是为进口货物而融资所产生的；

（二）有书面的融资协议的；

（三）利息费用单独列明的；

（四）进口货物的收货人可以证明没有融资安排的相同或类似进口货物的价格与被估货物的实付或应付价格非常接近，且有关利率不高于在融资当时当地此类交易通常应有的利率水平的。

二、本公告所指的融资提供方可以是进口货物的卖方也可以是除买卖双方外的第三方。

三、海关按《办法》第十七条第一款的规定审定的有关租赁货物在租赁期间的租金作为完税价格的，利息应予以计入。

四、本公告自二〇〇三年十二月十一日起施行。

特此公告。

二〇〇三年十二月三日

附录6

中华人民共和国海关计核涉嫌走私的货物、物品偷逃税款暂行办法

第一章 总则

第一条 为加强海关对涉嫌走私的货物、物品偷逃税款的计核工作，保障计核工作的公正性、科学性和权威性，根据《中华人民共和国海关法》、《中华人民共和国进出口关税条例》及有关法律、行政法规，制定本办法。

第二条 海关办理走私案件，涉嫌走私的货物、物品偷逃税款的计核工作适用本办法。

第三条 走私毒品、武器、弹药、核材料、伪造的货币、国家禁止出口的文物，国家禁止进出口的珍贵动物及其制品、珍稀植物及其制品、淫秽物品，国家禁止进境的固体废物和危险性废物等不以偷逃税额作为定罪量刑及认定走私行为、作出行政处罚标准的货物、物品，不适用本办法。

第四条 中华人民共和国海关是负责涉嫌走私的货物、物品偷逃税款计核工作的法定主管机关，其授权计核税款的部门（以下简称“计核部门”）是负责计核工作的主管部门。

第五条 海关出具的计核结论，经海关走私犯罪侦查机关、人民检察院和人民法院审查确认，可以作为办案的依据和定罪量刑的证据。

第二章 计核程序

第六条 因办理走私案件需要计核偷逃税款的，海关走私犯罪侦查机关、海关调查部门（以下简称“送核单位”）应当持“涉嫌走私的货物、物品偷逃税款送核表”(以下简称“送核表”）送交其所在海关的计核部门。

“送核表”应当包括以下内容：

（一）走私案件的名称；

（二）走私方式；

（三）涉嫌走私的货物、物品已缴纳税款情况；

（四）涉嫌走私的货物、物品的品名、牌号、规格、型号、原产地、数量、以及进出口日期等；

（五）查获的时间、地点；

（六）其他需要说明的情况。

第七条 送核单位送交“送核表”，应当根据计核部门的要求和案件的性质随附下列单据或材料：

（一）涉嫌走私的货物、物品的报关单、合同、商业发票、提（运）单、保险单、加工贸易备案登记手册、国内增值税发票以及其他商业单证；

（二）涉嫌走私的货物、物品的说明书及其他技术资料；

（三）涉嫌走私的货物、物品的使用、损坏程度的记录以及照片；

（四）涉嫌走私的货物、物品的价格、规格、市场行情等有关的材料；

（五）有关计核所需的其他单证或者材料。

对于上述所列的单据、材料，因故无法提供的，送核单位应当向计核部门作出书面说明。

第八条 海关计核部门接到送核单位送交的“送核表”及随附的单证、材料时，应当认真审核，对于填制不清楚或者随附的单证或者材料有遗漏的，可以要求送核单位补充。

第九条 海关计核部门在计核过程中，需要送核单位进行以下工作的，送核单位应当予以配合：

（一）对涉嫌走私的货物、物品进行查验取样；

（二）提供与计核工作有关的账册、文件等资料；

（三）提留货样送海关化验机构或者其他法定或者国家授权的专业部门，出具品名、成分、用途、质量、等级、新旧程度、价值等项的鉴定结论报告；

（四）委托国内有资质的价格鉴证机构等单位出具对涉嫌走私的货物、物品的国内市场批发价格、出厂价格的评估资料；

（五）需要送核单位进行的其他工作。

第十条 送核单位送交的“送核表”及随附单证、材料符合计核要求的，除第九条规定的情况以外，海关计核部门应当自接受计核之日起7个工作日内作出计核结论，向送核单位出具“涉嫌走私的货物、物品偷逃税款海关核定证明书”（以下简称“证明书”），加盖海关税款核定专用章，并随附“涉嫌走私的货物、物品偷逃税款计核资料清单”（以下简称“计核资料清单”）。

第十一条 “证明书”应当包括以下内容：

（一）计核事项；

（二）计核结论；

（三）计该依据和计核方法要述；

（四）计核人员签名。

“计核资料清单”应当包括涉案货物、物品的品名、原产地、规格、数量、税则号列、计税价格、税率、汇率等内容。

第十二条 走私犯罪侦查机关、海关调查部门、人民检察院、人民法院对海关出具的“证明书”有异议，或者因核定偷逃税额的事实发生变化，认为需要补充核定或者重新核定的，应由原送核单位向出具“证明书”的海关计核部门重新送交“送核表”并附书面说明。海关计核部门接到要求补充核定的“送核表”后，应当依照本办法第十条规定进行补充核定或者重新核定。

第十三条 走私犯罪嫌疑人、被告人或其辩护人对海关出具的“证明书”有异议的，应当向办案机关提出重新核定的申请，经海关走私犯罪侦查机关、人民检察院或者人民法院审查同意后，由原送核单位按照本办法第十二条规定的程序重新核定。

第十四条 海关进行补充核定或者重新核定的，应当另行指派计核人员进行。

第十五条 海关税款计核部门的计核人员，遇有下列情形之一的，应当回避：

（一）计核人员是计核案件当事人的近亲属；

（二）计核人员本人及其近亲属与计核案件当事人有利害关系的；

（三）与计核案件当事人有其他关系，可能影响计核工作的公正性的。

第三章 计核方法

第十六条 涉嫌走私的货物能够确定成交价格的，其计税价格应当以该货物的成交价格为基础审核确定。

第十七条 涉嫌走私的货物成交价格经审核不能确定的，其计税价格应当依次以下列价格为基础确定：

（一）海关所掌握的相同进口货物的正常成交价格；

（二）海关所掌握的类似进口货物的正常成交价格；

（三）海关所掌握的相同或者类似进口货物在国际市场的正常成交价格；

（四）国内有资质的价格鉴证机构评估的涉嫌走私货物的国内市场批发价格减去进口关税和其他进口环节税以及进口后的利润和费用后的价格，其中进口后的各项费用和利润综合计算为计税价格的20%，其计算公式为：

$$计税价格=\frac{国内市场批发价格}{1+\dfrac{进口关税率+消费税率+增值税率+进口关税率\times 增值税率}{1-消费税率}+20\%};$$

（五）涉嫌走私的货物或者相同、类似货物在国内依法拍卖的价格减去拍卖费用后的价格；

（六）按其他合理方法确定的价格。

第十八条 对于已陈旧但尚有使用价值的涉嫌走私的货物，如不能按照本办法第十六条规定核定其计税价格且海关难以认定其新旧程度，应当根据国家质量监督检验检疫机构出具的新旧程度的鉴定结论报告按照本办法第十七条的规定核定其计税价格。

第十九条 涉嫌走私进口的黄金、白银和其他贵重金属及其制品、珠宝制品以及其他有价值的收藏品，应当按国家定价或者国家有关鉴定部门确定的价值核定其计税价格。

第二十条 对于无法确定成交价格的涉嫌走私的非淫秽音像制品，应当以固定的价格作为计税价格。具体价格由海关总署另行确定。

第二十一条 对于涉嫌走私的假冒品牌货物，其计税价格由海关总署另行确定。

第二十二条 涉嫌走私的国产品牌货物，应当以相同或者类似货物正常的出口价格核定其计税价格；出口价格不能确定的，其计税价格应当以相同或者类似货物在国内的正常的出厂价格（不含增值税）为基础核定。

第二十三条 擅自内销保税货物涉嫌走私的，能够确定原申报进口货物成交价格的，其计税价格应当以原申报进口货物的成交价格为基础核定；原申报进口货物的成交价格不能确定的，应当按照本办法第十七条的规定核定的原申报进口货物的价格作为计税价格。

第二十四条 擅自内销特定减免税货物涉嫌走私的，其计税价格应当以该货物原进口时的成交价格为基础核定，计算公式为：

$$\text{计税价格}=\text{原进口时的海关完税价格}\times\left(1-\frac{\text{擅自内销时已进口时间(月)}}{\text{监管年限}\times 12}\right)。$$

成交价格不能确定的，应当按照本办法第十七条的规定，并按上述公式计算计税价格。

第二十五条 涉嫌通过携带、托运和邮递方式走私的货物、物品，应当按本办法第十六条和第十七条的规定核定其计税价格。

第二十六条 在核定涉嫌走私的货物计税价格时，应当包括货物运抵境内的运费、保险费。

第二十七条 对于涉嫌走私的货物或者物品，应当按照《中华人民共和国海关进出口税则》规定的归类原则，归入合适的税则号列，并按照《中华人民共和国进出口关税条例》及其他有关税率适用的规定采用正确的税率确定偷逃税款。

第二十八条 在计核涉嫌走私的货物或者物品偷逃税款时，应当以走私行为案发时所适用的税则、税率、汇率和按照本办法第十六条至第二十五条的规定审定的计税价格计算。具体计算办法如下：

（一）有证据证明走私行为发生时间的，以走私行为发生之日计算；

（二）走私行为的发生呈连续状态的，以连续走私行为的最后终结之日计算；

（三）证据无法证明走私行为发生之日或者连续走私行为终结之日的，以走私案件的受案之日（包括刑事和行政受案之日）计算；同一案件因办案部门转换出现不同受案日期的，以最先受案的部门受案之日为准。

第二十九条 在计核涉嫌走私的货物偷逃税款时，应扣除海关按照走私犯罪嫌疑人的申报计算的应缴税款。

第三十条 违反海关监管规定的其他违法行为涉及到税款计核的，如不能确定涉嫌违规的货物或者物品的接受申报进口之日的，可以比照本办法办理。

第四章 附则

第三十一条 本办法由海关总署负责解释。

第三十二条 本办法自2002年11月10日起实施。

附录7

中华人民共和国海关关于进出口货物申请担保的管理办法

(1987年6月30日海关总署发布)

第一条 为促进对外经济贸易和科技文化交流，严密海关监管制度，保证国家税收，方便货物合法进出，根据《中华人民共和国海关法》，制定本办法。

第二条 本办法中下列用语的含义：

担保——以向海关缴纳保证金或提交保证函的方式，保证在一定期限内履行其承诺的义务的法律行为。

担保人——对货物的进出口或税款的缴纳承担法律责任的法人。

保证金——由担保人向海关缴纳现金的一种担保形式。

保证函——由担保人按照海关的要求向海关提交的、订有明确权利义务的一种担保文件。

销案——在规定期限内履行了事先规定的义务后，海关退还担保人已缴纳的保证金或注销已提交的保证函，以终止所承担的义务的海关手续。

第三条 在下列情况下，经海关审核同意，可接受担保申请：

(一) 暂时进出口货物；

(二) 国家限制进出口货物，已领取了进出口许可证件，因故不能及时提供的；

(三) 进出口货物不能在报关时交验有关单证(如发票、合同、装箱清单等)，而货物已运抵口岸，亟待提取或发运，要求海关先放行货物，后补交有关单证的；

（四）正在向海关申请办理减免税手续，而货物已运抵口岸，亟待提取或发运，要求海关缓办进出口纳税手续的；

（五）经海关同意，将海关未放行的货物暂时存放于海关监管区之外的场所的；

（六）因特殊情况经海关总署批准的。

第四条 对下列情况，海关不接受担保：

（一）进出口国家限制进出口的货物，未领到进出口货物许可证件的；

（二）进出口金银、濒危动植物、文物、中西药品、食品、体育及狩猎用枪支弹药和民用爆破器材、无线电器材、保密机等受国家有关规定管理的进出口货物，不能向海关交验有关主管部门批准文件或证明的。

第五条 担保人应向办理有关货物进出口手续的海关申请担保，并在该关办理销案手续。

第六条 担保方式分缴纳保证金和提交保证函两种。

检 3